Nationalsozialistische Schulverwaltung in Hamburg
Vier Führungspersonen

Hamburger Historische Forschungen | Band 2
Herausgegeben von Rainer Hering

Nationalsozialistische Schulverwaltung in Hamburg

Vier Führungspersonen

Uwe Schmidt

Hamburg University Press
Verlag der Staats- und Universitätsbibliothek Hamburg
Carl von Ossietzky

Impressum

Bibliografische Information der Deutschen Nationalbibliothek

Die Deutsche Nationalbibliothek verzeichnet diese Publikation in der Deutschen Nationalbibliografie; detaillierte bibliografische Daten sind im Internet über http://dnb.d-nb.de abrufbar.

Die Online-Version dieser Publikation ist auf den Verlagswebseiten frei verfügbar *(open access)*. Die Deutsche Nationalbibliothek hat die Netzpublikation archiviert. Diese ist dauerhaft auf dem Archivserver der Deutschen Nationalbibliothek verfügbar.

Open access über die folgenden Webseiten:

Hamburg University Press – http://hup.sub.uni-hamburg.de

Archivserver der Deutschen Nationalbibliothek – http://deposit.d-nb.de

ISBN 978-3-937816-49-4

ISSN 1865-3294

Umschlag- und Logo-Gestaltung: Liliane Oser

Abbildungen auf dem Schutzumschlag und der Buchdecke
von links nach rechts: Wilhelm Schulz, Karl Witt (oben), Ernst Schrewe (unten), Albert Henze

Produktion: Elbe-Werkstätten GmbH, Hamburg, Deutschland
http://www.ew-gmbh.de

*

Diese Publikation wird gefördert aus Mitteln der Behörde für Bildung und Sport, Hamburg.

Inhalt

Vorwort

Rainer Hering

Zur Reihe *Hamburger Historische Forschungen*

Die Reihe *Hamburger Historische Forschungen* umfasst Beiträge zur Hamburger und deutschen Geschichte, vornehmlich der neueren und neuesten Zeit. Sie ist insbesondere für hervorragende Nachwuchswissenschaftlerinnen und -wissenschaftler offen, deren Werke sonst vielfach unveröffentlicht blieben. Gemeinsamer Bezugspunkt aller Publikationen ist Hamburg, das heißt die Arbeiten sind an einer Hamburger Hochschule entstanden oder beschäftigen sich inhaltlich mit der Freien und Hansestadt Hamburg in Vergangenheit oder Gegenwart. Die Reihe schafft ein Forum gerade für bislang unerforschte Themen. Zugleich sind die *Hamburger Historischen Forschungen* nicht einem einzigen Konzept verpflichtet, sondern bieten Raum für die Vielfalt der theoretischen und methodischen Konzepte, Geschichte wissenschaftlich fundiert, aber doch zugleich auch für alle historisch Interessierten verständlich darzustellen.

Zum vorliegenden Band

Der zweite Band dieser Reihe von Uwe Schmidt analysiert die nationalsozialistische Schulverwaltung in Hamburg am Beispiel der vier Führungspersonen, die für die inhaltliche und organisatorische Ausrichtung des Schulwesens verantwortlich waren: Karl Witt, Wilhelm Schulz, Albert Henze und Ernst Schrewe. Deutlich wird dabei, dass das „Dritte Reich“ nicht durch eine einheitliche, quasi monolithische Steuerung der Nationalsozialisten charakterisiert war, sondern dass es – wie die Forschung in unterschiedlichen Bereichen herausgearbeitet hat – vielfältige Konfliktfelder und unterschiedliche Interessenlagen gab. Neben der Differenz zwischen Staat und Partei standen sich die lokale, die regionale und die reichsweite Ebene mit unterschiedlichen Voraussetzungen, Bedürfnissen und Zielsetzungen gegenüber. Die Interessen der Hansestadt Hamburg waren nicht zwangsläufig die des Deutschen Reiches. Schmidt arbeitet heraus, welche Motive die jeweiligen Akteure leiteten und welche Handlungsspielräume ihnen zur Verfügung standen. Des Weiteren ermöglicht der biographische Ansatz aufzuzeigen, wie die Personen und ihr berufliches Umfeld nach dem Ende des Zweiten Weltkrieges selbst mit ihrer eigenen Vergangenheit umgingen beziehungsweise welche Wirkungsmöglichkeiten den Akteuren blieben. Daher ist dieses Buch auch ein Beleg für den Umgang mit der nationalsozialistischen Vergangenheit im norddeutschen Schulwesen. Es arbeitet Diskontinuität, aber auch – gerade am Beispiel Albert Henzes – Kontinuität in der Bildungsgeschichte heraus.

Uwe Schmidt ist wie kein anderer geeignet, diesen Komplex erstmals aufgrund umfangreicher Quellenforschungen zu analysieren und klar darzustellen. Der promovierte Historiker verfügt als ehemaliger Schulleiter über umfangreiche praktische Erfahrungen im Schulwesen und kann interne Abläufe dadurch souverän einordnen. Zudem kann der 1931 Geborene eigene Erfahrungen und Materialien als Schüler im „Dritten Reich" in seine Untersuchung einbringen. Seine Studie belegt, dass sich Wissenschaftlichkeit und Zeitzeugenschaft nicht zwingend ausschließen müssen.

Seit vielen Jahren hat der versierte Hamburg-Historiker umfangreiches Material im Staatsarchiv Hamburg, im Bundesarchiv sowie in den Altregistraturen zahlreicher Hamburger Schulen gründlich ausgewertet und miteinander in Beziehung gesetzt. In etlichen Publikationen hat er bereits Aspekte des Hamburger Schulwesens im 20. Jahrhundert aufgearbeitet. Sein 1999 erschienenes Buch *Aktiv für das Gymnasium* schildert die Geschichte der Gymnasien und der Interessenvertretung der dortigen Lehrkräfte seit der Einrichtung des staatlichen Schulwesens in der Hansestadt 1870. Der mit Paul Weidmann verfasste Beitrag in *Hamburg im „Dritten Reich"* gibt einen kundigen Überblick über die Schulgeschichte zwischen 1933 und 1945. Der im Verlag Hamburg University Press im Jahr 2006 erschienene Band *Lehrer im Gleichschritt: Der Nationalsozialistische Lehrerbund Hamburg* analysiert die nationalsozialistische Interessenvertretung der Lehrkräfte und kommt – trotz magerer Quellenlage – zu einer abgerundeten Darstellung, vor allem der rivalisierenden Kräfte innerhalb dieser Organisation, die ihre Wirkungsmöglichkeiten prägten. Eine umfassende Monographie zum Hamburger Schulwesen im „Dritten Reich" steht kurz vor der Vollendung.

Schmidt gelingt es in allen Veröffentlichungen, trotz der durch gezielte Vernichtungen und durch Kriegseinwirkungen teilweise sehr dünnen Quellenlage ein dichtes Bild der nationalsozialistischen Schulpolitik und ihrer führenden Akteure zu zeichnen. Dass trotz akribischer Recherchen manches leider ungeklärt bleiben muss, ist angesichts der Begrenztheit der vorhandenen Unterlagen nicht zu vermeiden.

Sprachlich zeigt Uwe Schmidt, dass sich solide Wissenschaftlichkeit und ein lebendiger Stil miteinander verbinden lassen. Ihm geht es darum, seine Forschungsergebnisse auch für ein breites Publikum zu formulieren und zugleich Anstöße für bildungspolitische und wissenschaftliche Debatten zu geben. Das vorliegende Buch zeigt, dass es ihm gelingt, mehr als nur Impulse für die Erforschung der hamburgischen Schul- und Bildungsgeschichte im 20. Jahrhundert zu geben. Es ist wünschenswert, dass diese Impulse von pädagogischer wie geschichtswissenschaftlicher Seite aufgegriffen und durch weitere quellengesättigte Studien fortgesetzt werden.

Einleitung

Das Hamburger Schulwesen in der Zeit des „Dritten Reiches" ist erst seit Erscheinen des Buches *Schulpolitik in der pluralistischen Gesellschaft* von Hildegard Milberg[1] in zunehmendem Maße zum Gegenstand wissenschaftlicher Untersuchungen geworden. Zwei Mitte der 80er Jahre erschienene Sammelbände[2] haben sich vor allem einzelnen Personen, einzelnen Schulen und einzelnen Themen zugewendet. Deren Autoren haben über neu erschlossene Quellenfunde berichtet oder hatten über Einzelbereiche gearbeitet und die Ergebnisse für die Sammelbände zur Verfügung gestellt. Der Bereich der nationalsozialistischen Oberschulen wurde 1999 in einer Untersuchung über die Geschichte der Hamburger Gymnasien dargestellt.[3] Einen Überblick über das Hamburger Schulwesen des „Dritten Reiches" insgesamt gibt ein Beitrag des von der Forschungsstelle für Zeitgeschichte Hamburg 2005 herausgegebenen Sammelbandes *Hamburg im „Dritten Reich"*.[4] Über den nationalsozialistischen Hamburger Landesschulrat Wilhelm Schulz und den Leiter der Schulverwaltung von 1933 bis 1945, Karl Witt, hat außerdem jüngst Hans-Peter de Lorent in einer in der *Hamburger Lehrerzeitung* (HLZ) erschienenen Reihe „Nazibiographien" berichtet, einer Reihe, die mit weiteren Personenprofilen nationalsozialistischer Erzie-

---

[1] Hildegard Milberg: Schulpolitik in der pluralistischen Gesellschaft. Die politischen und sozialen Aspekte der Schulreform in Hamburg 1890–1935, Hamburg 1970.

[2] Hamburg: Schule unterm Hakenkreuz. Beiträge der „Hamburger Lehrerzeitung" (Organ der GEW) und der Landesgeschichtskommission des VVN / Bund der Antifaschisten, hg. von Ursel Hochmuth und Hans-Peter de Lorent, mit einem Geleitwort von Joist Grolle, Hamburg 1985; „Die Fahne hoch". Schulpolitik und Schulalltag in Hamburg unterm Hakenkreuz, hg. von Reiner Lehberger und Hans-Peter de Lorent, mit einem Geleitwort von Klaus von Dohnanyi, Hamburg 1986.

[3] Uwe Schmidt: Aktiv für das Gymnasium. Hamburgs Gymnasien und die Berufsvertretung ihrer Lehrerinnen und Lehrer von 1870 bis heute, Hamburg 1999.

[4] Uwe Schmidt / Paul Weidmann: Modernisierung als Mittel zur Indoktrination. Das Schulwesen, in: Hamburg im „Dritten Reich", hg. von der Forschungsstelle für Zeitgeschichte in Hamburg, Göttingen 2005, S. 305–335.

hungsfunktionäre fortgesetzt werden soll.[5] Kurzbiographien dieser und weiterer Personen hat der Verfasser dieser Untersuchung zu Band 4 der *Hamburgischen Biografie*[6] beigesteuert. Er hat 2006 eine Untersuchung über den Nationalsozialistischen Lehrerbund (NSLB) Hamburg und seinen Führer Wilhelm Schulz vorgelegt.[7]

Die jetzt erscheinende Untersuchung will zeigen, in welcher Weise die Schulverwaltung in zunehmendem Maße für die Durchsetzung nationalsozialistischer Erziehungsvorstellungen instrumentalisiert wurde. Nach Ausschaltung und Abschaffung der mitgestaltenden Gremien der bis 1933 geltenden Hamburger Schulverfassung – genannt seien nur Bürgerschaft, Deputation und Schulbeirat – und ihrer Ersetzung durch das nationalsozialistische Führerprinzip wurden nationalsozialistische Erziehungsvorstellungen vor allem über die Personen durchgesetzt, welche die Behörde leiteten oder aber durch informell ausgeübte Macht in ihr das Sagen hatten. Über ein vorwiegend biographisches Interesse hinaus soll daher die Position der schulbezogenen Funktionsträger im Macht- und Herrschaftssystem des Hamburger Nationalsozialismus und ihre formale und informelle Verankerung in den Mechanismen dieses polykratischen Systems verdeutlicht werden. Der politische Druck, der von der Spitze der Schulverwaltung auf die Schulen und die in ihnen tätigen Lehrerinnen und Lehrer ausgeübt wurde, verstärkte sich seit Kriegsbeginn nach Art einer Klimax und erreichte seinen Höhepunkt in der Machtfülle und rücksichtslosen Machtausübung des nationalsozialistischen Karrieristen Albert Henze. Ihm, dem Exekutor des totalen Krieges im Hamburger Schul- und Bildungswesen, wird daher besonders viel Raum gegeben.

Die im Staatsarchiv Hamburg gesammelten Akten der Schul- und Hochschulverwaltung, Personalakten und Unterlagen, die von den Schulen an das Staatsarchiv abgeliefert wurden, ergeben allein noch kein vollständiges Bild über Persönlichkeit, Kompetenz und Aktionen der Personen, die zwi-

---

[5] Hans-Peter de Lorent: „Von dürftiger Qualität". Schule unterm Hakenkreuz – Nazibiographien (1), in: HLZ, Nr. 6–7/2007 (Juni/Juli 2007), S. 43–47; Hans-Peter de Lorent: Karl Witt, Schulsenator 1933. Schule unterm Hakenkreuz – Nazibiographien (2), in: HLZ, Nr. 8–9/2007 (August/September 2007), S. 36–40.

[6] Erscheint demnächst.

[7] Uwe Schmidt: Lehrer im Gleichschritt: Der Nationalsozialistische Lehrerbund Hamburg, Hamburg 2006.

schen 1933 und 1945 an der Spitze der Hamburger Schulverwaltung standen. Es wurden daher darüber hinaus die im Bundesarchiv Berlin aufbewahrten Unterlagen des Berlin Document Center und die Akten der mit Hamburger Fragen befassten zuständigen Reichsministerien sowie des NSLB und der Reichsführerschule hinzugezogen. Weitere Aufschlüsse, besonders über Person und Wirken von Albert Henze, ergaben Funde im Landesarchiv Schleswig-Holstein, im Stadtarchiv der Hansestadt Lübeck und in Publikationen der Lübecker Oberschule zum Dom.[8]

Die Darstellung beansprucht nicht, die Gesamtheit des Hamburger Schulwesens während der nationalsozialistischen Diktatur darzustellen. Dieses geschieht in einer in Vorbereitung begriffenen umfassenden Untersuchung der Hamburger Schulen im „Dritten Reich". Der äußere Anlass, eine Untersuchung über die Schulverwaltung jetzt vorzulegen, ist symbolischer Art: Am 8. März 2008 jährt sich zum 75. Mal der Tag, an dem 1933 der zunächst deutschnationale, dann nationalsozialistische Schulfunktionär Karl Witt die Leitung der Hamburger Schulverwaltung, der Landesschulbehörde in der Dammtorstraße, Vorgängerin der heutigen Behörde für Bildung und Sport in der Hamburger Straße, übernahm. Der Jahrestag des Machtwechsels in Hamburg lenkt unseren Blick auf die Einrichtungen des Stadtstaates, mit denen die Nationalsozialisten die Maßnahmen der Instrumentalisierung und Indoktrinierung junger Menschen für die inhumanen, verbrecherischen Zielsetzungen des Regimes organisierten und koordinierten. Die hierfür insbesondere verantwortliche Behörde war die unter wechselnden Namen agierende Schulverwaltung im traditionellen Gebäude der Oberschulbehörde an der Dammtorstraße. Die Wahl Karl Witts in den Senat machte für die folgenden zwölf Jahre den Weg frei zur Überführung der Schulverwaltung in den Kontroll- und Unterdrückungsapparat der Diktatur.

Der Verfasser vertritt die Überzeugung, dass Menschen, insbesondere die im politischen Bereich agierenden Menschen, für das, was sie tun und was sie nicht tun, die persönliche Verantwortung tragen. Abgelehnt wird darum das bequeme Argumentationsmuster, man habe im Rahmen eines Befehlsnotstandes so handeln müssen, wie man handelte. Auch unter den

---

[8] Staatsarchiv Hamburg (im Folgenden: StAHH), 361 Schul- und Hochschulverwaltung, hier besonders die Bestände 361-7 Staatsverwaltung – Schul- und Hochschulabteilung sowie 361-10 Kinderlandverschickung. Genauere Angaben zu den anderen genannten Herkunftsorten finden sich im Quellenverzeichnis.

Bedingungen der Diktatur gab es Handlungsspielräume, die es möglich machten, die humane Orientierung zu bewahren. Die Abgründe menschlichen Fehlverhaltens während der Diktatur und der sich ausbreitende Verlust humaner Orientierung sind eine stete Herausforderung an die Erinnerungskultur unserer Stadt. Mit der vorliegenden Untersuchung über die nationalsozialistische Schulverwaltung wird eine weitere Forschungslücke in der Aufarbeitung der Vergangenheit der Behörden Hamburgs geschlossen.

1 Das Hamburger Schulwesen im Jahre 1933

1.1 Die Übernahme der Schulverwaltung durch den nationalsozialistisch geführten Koalitionssenat

Erst fünf Wochen nach der Machtübertragung an den Nationalsozialisten Adolf Hitler erfolgte nach der Reichstagswahl vom 5. März 1933 der Machtwechsel in Hamburg, formal eingeleitet durch Bildung eines Koalitionssenats aus NSDAP, DNVP, DVP und DStP. Bereits am 3. März 1933 war der Präses der Landesschulbehörde Emil Krause (SPD) aus dem Senat ausgeschieden. Er hatte seit 1919 die politische Verantwortung für das Hamburger Schulwesen getragen. Das nunmehr erfolgende personale Revirement innerhalb der Schulverwaltung hatte einschneidende Auswirkungen auf das Schul- und Bildungswesen, denn dieser Bereich war für die Durchdringung der Gesellschaft im nationalsozialistischen Sinne von zentraler Wichtigkeit. Indoktrinierung durch rassisch-ideologisch geprägte Unterrichtsinhalte, die Ausrichtung junger Menschen auf den Führer und die Inszenierung entsprechender Feiern und Kampagnen in den Schulen zielten auf Willensbeeinträchtigung und bedingungslose Gefolgschaft.[9] Die zentralen Direktiven für die nationalsozialistische Erziehungsdiktatur gingen von der Schulverwaltung in der Dammtorstraße aus und wurden von den für diese Behörde verantwortlichen Führungspersonen gebündelt und verantwortet.

1.2 Veränderungen im Hamburger Schulwesen

Zwischen 1933 und 1945 standen nacheinander vier nationalsozialistische Führungspersonen an der Spitze der Schulverwaltung: Karl Witt (1885–1969), Wilhelm Schulz (1887–1947), Albert Henze (1900–1994) und Ernst Schrewe (1900–1957). Zwischen ihrem formalen Status innerhalb der zentralisierten, hierarchisch strukturierten Hamburger Verwaltung und ihrer

[9] Hierzu siehe Schmidt/Weidmann (2005), Zusammenfassung S. 335.

tatsächlichen Macht sowie dem mit ihr verbundenen politischen Einfluss bestand eine unübersehbare Diskrepanz: Als ausgewiesene Nationalsozialisten der „ersten Stunde“ und ausgesprochene Protegés des Reichsstatthalters und Gauleiters Karl Kaufmann waren daher Wilhelm Schulz und nach ihm Albert Henze wesentlich „mächtiger“, als es ihrem formalen Status entsprach. Daraus darf jedoch keinesfalls quasi „automatisch“ gefolgert werden, dass damit die Verantwortung von Karl Witt und Ernst Schrewe für die Umsetzung nationalsozialistischer Erziehungsvorstellungen geringer gewesen sei.

Der Vergleich im Aufbau der Schulverwaltung zwischen 1932/1933 und 1935/1936[10] zeigt strukturell einen quasi identischen Kern aus Präses, einem Stab von Verwaltungsfachleuten sowie Oberschulräten (sechs 1932, darunter zwei Frauen, fünf 1935, nur Männer) und Schulräten (acht 1932, darunter eine Frau, sieben 1935, nur Männer). Den Schulaufsichtsbeamten vorgeordnet war jeweils der Landesschulrat, der studierte Oberlehrer Ludwig Doermer bis 1933, der seminaristisch ausgebildete Volksschullehrer Wilhelm Schulz ab 1933.[11] Personalidentisch verblieben waren 1935 nur noch die Oberschulräte Udo Lohse (für den Berufsschulbereich) und Wilhelm Oberdörffer (für die höheren Schulen) sowie Fritz Köhne und Gustav Schmidt (für die Volksschulen). Alle anderen Positionen waren nach Entlassung oder Pensionierung der bisherigen Amtsinhaber durch Gefolgsleute der NSDAP besetzt worden. Abgeschafft wurden mit dem Machtwechsel die schon vor 1919 entwickelten und unter Emil Krause ausgebauten Mitbestimmungs- und Mitwirkungsregelungen: Es gab fortan weder von der Bürgerschaft bestimmte Deputierte noch gewählte Mitglieder des Schulbeirats aus Lehrerkammer und Elternkammer. Dafür betont das Organigramm von 1935 die enge Verzahnung der staatlichen Schulverwaltung mit dem parteigebundenen Nationalsozialistischen Lehrerbund (NSLB) und dem

---

[10] Siehe die Darstellung bei Hans-Peter de Lorent: Personalpolitik, in: „Die Fahne hoch“, S. 203–212, hier S. 204–211.

[11] Die Ernennung von Wilhelm Schulz zum Landesschulrat erfolgte am 15.11.1933, womit diese Position erstmalig mit einem Volksschullehrer besetzt wurde. Seit vier Monaten war Schulz zugleich Landesleiter des NSLB (HLZ, Nr. 46/1933, S. 613; Klaus Saul: Lehrerbildung in Demokratie und Diktatur. Zum Hamburger Reformmodell einer universitären Volksschullehrerausbildung, in: Hochschulalltag im „Dritten Reich“. Die Hamburger Universität 1933–1945, hg. von Eckart Krause, Ludwig Huber und Holger Fischer, Berlin und Hamburg 1991, Teil I, S. 367–408, hier S. 386–387).

NSDAP-Gauamt für Erzieher, ersichtlich an zahlreichen „Personalunionen“.[12]

Wie acht andere Verwaltungszweige der Gemeindeverwaltung erhielt auch die Schulverwaltung durch einen Erlass des Reichsstatthalters gemäß der von ihm erlassenen Hauptsatzung vom 15. März 1938[13] zur beratenden Mitwirkung einen „Beirat“,[14] der seine erste Sitzung am 30. Juni 1938 abhielt.[15] Er tagte unter dem Vorsitz des Behördenleiters Karl Witt – zugleich einer von zwölf Beigeordneten der Gemeindeverwaltung – beziehungsweise seines Vertreters, bestand aus sechs weiteren Personen, die vom Reichsstatthalter und Gauleiter ernannt wurden,[16] und war den Weisungen Kaufmanns unterworfen. Seine Beratungen verliefen unter Ausschluss der Öffentlichkeit. Nach einer einführenden Sitzung am 30. Juni 1938, in welcher der Bestand des öffentlichen und des (noch existierenden) privaten Schulwesens dargestellt wurde,[17] waren weitere herausragende Themen der bis Ende Februar 1945 stattfindenden Beiratssitzungen: die Zwangsauflösung der Wandsbeker Waldorfschule und die Zuweisung des Lehrerkollegiums zur Dienstleistung an das Ernährungsamt „aus politischen Gründen“,[18] der Leistungsverfall in den Schulen,[19] das Bauprogramm der Bauverwaltung für die Neugestaltung der Hamburger Schulen 1941–1965 vor dem Hintergrund der zunehmenden Behinderungen des Unterrichtsbetriebs durch den Krieg,[20] die Verfolgung der Swing-Bewegung,[21] in zwei Sitzungen die

---

[12] Über den NSLB siehe Uwe Schmidt (2006).

[13] Hamburger Gesetz- und Verordnungsblatt 1938, S. 1–3; Handbuch der Hansestadt Hamburg 1939, S. 19.

[14] Uwe Lohalm: „Modell Hamburg“. Vom Stadtstaat zum Reichsgau, in: Hamburg im „Dritten Reich“, hg. von der Forschungsstelle für Zeitgeschichte in Hamburg, Göttingen 2005, S. 122–153, hier S. 132–133.

[15] StAHH, 361-2 VI Oberschulbehörde VI, 416.

[16] Handbuch der Hansestadt Hamburg 1939, S. 111.

[17] StAHH, 361-2 VI Oberschulbehörde VI, 416.

[18] StAHH, 361-2 VI Oberschulbehörde VI, 1869; StAHH, 362-2/36 Gymnasium Klosterschule, 260 (zum Datum 10.10.1939).

[19] StAHH, 361-2 VI Oberschulbehörde VI, 483 (zum Datum 14.3.1941).

[20] StAHH, 361-2 VI Oberschulbehörde VI, 2320 Band 4 (zum Datum 26.11.1941).

[21] StAHH, 361-2 VI Oberschulbehörde VI, 787 (zum Datum 29.6.1942).

Begründung einer Abendoberschule für Berufstätige,[22] der dramatische Lehrermangel und die schulische Behandlung jüdischer „Mischlinge“,[23] die Zweiteilung Hamburgs in ein „beschultes“ und ein „unbeschultes“ Gebiet nach der Bombenkatastrophe vom Juli 1943,[24] die Kritik an einem „gar zu christlichen Einschlag“ von Schulentlassungsfeiern an Mädchenoberschulen[25] und die Anerkennung – unter Vorbehalt – privater Initiativen zur Aufrechterhaltung von Unterricht in den letzten drei Kriegsmonaten.[26]

Die Nazifizierung der Schulverwaltung erfasste auch die unterste Ebene der Verwaltungshierarchie, die Schulen: An den schulischen Verwaltungsabläufen der Gemeindeschule Farmsen lässt sich exemplarisch erkennen, dass die NSDAP und ihre Organisationen auch in die Schulbüros eingedrungen waren:[27] Zwar betraf das Gros – über 300 – der etwa 800 verzeichneten Kommunikations- und Verwaltungsvorgänge der Jahre 1938 bis 1945 die Kommunikation mit der Schulverwaltung und dem zuständigen Schulamt Wandsbek, doch ist 42-mal die politische Organisation der NSDAP der Adressat von Sendungen der Schule: der NSDAP-Ortsgruppenleiter Walter Vagt, SA-Obersturmbannführer Plander, Hans Einfeldt, der Leiter der Schuldienststelle der HJ, Gebiet, Bann, Unterbann und Untergau von DJ, HJ, Jungmädel und BDM sowie DAF, NSV und das Gauschulungsamt. Die häufigen Kontakte der Schule mit dem Leiter des Schulamts Wandsbek, Hugo Millahn,[28] hatten eine Doppelfunktion, denn Millahn war zugleich ein hoher Funktionär der NSDAP und des NSLB, zeitweilig stellvertreten-

---

[22] StAHH, 361-2 VI Oberschulbehörde VI, 53 (zu den Daten 26.10.1942 und 3.5.1943); StAHH, 362-2/36 Gymnasium Klosterschule, 234.

[23] StAHH, 361-2 VI Oberschulbehörde VI, 53 (zum Datum 25.1.1943).

[24] StAHH, 361-2 VI Oberschulbehörde VI, 53 (zum Datum 4.10.1943 und 27.3.1944).

[25] StAHH, 361-2 VI Oberschulbehörde VI, 53 und 807 (zum Datum 27.3.1944).

[26] StAHH, 361-2 VI Oberschulbehörde VI, 53 (zum Datum 26.2.1945).

[27] StAHH, 362-3/33 Gemeindeschule Farmsen, 4 Band 1.

[28] Über Hugo Millahn (1894–1972) siehe StAHH, 361-3 Schulwesen – Personalakten, A 2207 (Parteimitglied seit 1.8.1932). „Ihn kennzeichnete sein politisch-ideologisches Doppelamt: Er war Kreisamtsleiter des NSLB […] und für die Lehrerschaft bestellter Obmann der deutschvölkischen Kirchenaustrittsbewegung“ (1887–1987. 100 Jahre Katholische Schulen in Hamburg-Wandsbek, hg. von der Katholischen Kirchengemeinde St. Joseph-Wandsbek, Hamburg 1987, S. 41). Millahn verdrängte im Zuge der Eingemeindung Wandsbeks nach Hamburg durch seine enge Parteibindung den bisherigen Amtsträger Schulrat Artur Scheer.

der Ortsgruppenleiter in seinem Wohnort Volksdorf und als Schulrat eingebunden in die Gemeindeverwaltung der Hansestadt Hamburg. Er zeigte sich gern in Uniform zur Inspektion der Schulen.[29] Demgegenüber traten die „normalen" Schriftvorgänge der Schule mit der Karl Witt unterstellten Schulverwaltung mehr in den Hintergrund.

---

[29] Eigene Erinnerungen des Verfassers an seine Zeit als Schüler der Volksdorfer Walddörferschule, Oberschule für Jungen, in den Jahren 1942 bis 1945, wo der „riesengroße" Millahn in brauner Uniform hospitierte.

2 Karl Witt an der Spitze der Schulverwaltung

2.1 Opportunismus und Anpassung

An Karl Witt,[30] der formal seine Stellung an der Spitze der Schulverwaltung kontinuierlich von 1933 bis 1945 behauptete – in der Wahrnehmung der Aufgaben nur unterbrochen durch den Kriegsdienst von 1940 bis 1944 –, lässt sich anschaulich demonstrieren, auf welche Weise ein großes Maß an Anpassungsbereitschaft und Opportunismus dazu beitrug, das Hamburger Schulwesen zu nazifizieren und Direktiven der Erziehungsdiktatur in den Schulalltag einzubringen, die dem rassistischen Menschenbild des Nationalsozialismus entsprachen und in krassem Widerspruch zu den Normen eines humanistischen Menschenbildes standen. Für die Verankerung des Nationalsozialismus im Schulwesen war besonders die Anfangsphase von großem Gewicht. Die ideologischen Überzeugungen des neuen Schulsenators passten größtenteils durchaus zu denen der Nationalsozialisten: Im Juni 1932 hatte Karl Witt als deutschnationaler Wahlkämpfer einen Aufruf zur Gründung eines „Kampfringes" erlassen, dessen Mitglieder sich durch Opferbereitschaft und Unterordnung zu qualifizieren hatten.[31] Die Deutschnationalen, denen sich Karl Witt ab 1922 immer mehr angenähert hatte, gingen mit dem von den Nationalsozialisten propagierten Führerprinzip ideologisch völlig konform: Sie stellten zunehmend Pflicht und Disziplin in den Vordergrund.[32] Die Jugendorganisation der DNVP forderte vor allem die „Erziehung zu Gehorsam und Pflichterfüllung".[33] Mit der Verankerung des Führerprinzips im Schulwesen durch Ernennung der Funktionsträger „von oben" nach Abschaffung der Selbstverwaltung und

---

[30] Kurzbiographie: Annett Büttner / Iris Groschek: Jüdische Schüler und „völkische" Lehrer in Hamburg nach 1918, in: Zeitschrift des Vereins für Hamburgische Geschichte, Band 85 (1999), S. 101–126, zweiter Teil (S. 115–126, von Iris Groschek): Karl Witt und der Junglehrerbund „Baldur", besonders S. 123–126; de Lorent: Karl Witt (2007).

[31] Reinhard Behrens: Die Deutschnationalen in Hamburg 1918–1933, Diss. phil. Hamburg 1973, S. 116–117.

[32] Ebd., S. 107.

[33] Ebd., S. 111.

Mitbestimmung[34] setzte Witt also eine Politik durch, die seinen deutschnationalen Überzeugungen voll entsprach.[35] Der Lehrer an der Basis war in diesem Kontext Befehlsempfänger und „Unterführer“ auf der niedrigsten Ebene, der Schulklasse.[36] Hier sollte er die ihm gegebenen Anweisungen an seinen Schülern traktieren. An oberster Stelle dieser gegen die Aufklärung gerichteten antiautonomen Normenphilosophie stand die Unterordnung unter die Autoritäten, deren Legitimation aus den Werten der Kaiserzeit abgeleitet wurde.[37] In diesem Punkte unterschieden sich allerdings die Deutschnationalen von den Nationalsozialisten, die das Führerprinzip auf die politischen Ansprüche einer jüngeren Generation gründeten. Hier musste ein Deutschnationaler zumindest umdenken oder Konzessionen machen. Das spätere NSDAP-Mitglied Karl Witt war kein Nationalsozialist der ersten Stunde. Er war daher bemüht, das hiermit aus Sicht der „alten Kämpfer“ verbundene Defizit durch besondere Willfährigkeit zu kompensieren. Nur so konnte er sich angesichts fragwürdiger Eignung für ein Führungsamt seine Position auf die Dauer erhalten. Allerdings ist zu berücksichtigen, dass er als Deputierter der Landesschulbehörde 1930/1931 Einblicke in die Strukturen und Funktionen des Schulwesens gewonnen hatte.[38] Seine Anläufe, sich als Chef der staatlichen und später gemeindlichen Verwal-

[34] Mit Inkrafttreten des Schulverwaltungsgesetzes vom 23.6.1933 und einer entsprechenden neuen Dienstanweisung waren das Selbstverwaltungsgesetz von 1920 und die diesbezüglichen Folgegesetze aufgehoben (StAHH, 361-2 VI Oberschulbehörde VI, 633; StAHH, 362-2/36 Gymnasium Klosterschule, 201; StAHH, 362-3/40 Schule Turmweg, 107).

[35] Die §§ 9 und 14 des neuen Schulverwaltungsgesetzes vom 23.6.1933, gültig ab 1.7.1933 (Hamburger Gesetz- und Verordnungsblatt 1933, Nr. 60, S. 226–233), regelten die Bestellung von Schulleiter und Stellvertreter. Beide konnten jederzeit von ihrem Amte abberufen werden. Am 10.7.1933 ernannte Witt 315 Schulleiter und stellvertretende Schulleiter von höheren Schulen, Berufsschulen und Volksschulen (StAHH, 361-2 V Oberschulbehörde V, 75 b Band 2; Deutsches Philologen-Blatt, 41. Jg. (1933), S. 362; Uwe Lohalm: „... anständig und aufopferungsbereit“. Öffentlicher Dienst und Nationalsozialismus in Hamburg 1933 bis 1945, Hamburg 2001, S. 15). Er führte sie am 21.8.1933 in der Universität feierlich in ihr neues Amt ein und machte dabei deutlich, dass jemand, der sich als „unbrauchbar“ erweise, auch abberufen werden könne (StAHH, 362-2/36 Gymnasium Klosterschule, 255; StAHH, 362-3/51 Mädchenschule Birkenhain, 59 Band 2; StAHH, 362-3/40 Schule Turmweg, 74; HLZ, Nr. 30/1933, S. 421–423; Hamburger Fremdenblatt vom 22.8.1933).

[36] Milberg (1970), S. 368.

[37] Behrens (1973), S. 118.

[38] Hierauf weist Hans-Peter de Lorent hin: de Lorent, Karl Witt (2007), S. 36–37.

tung den Machtansprüchen und Übergriffen von NSDAP, NSLB und HJ zu widersetzen, waren auf die Dauer ohne Erfolg, was zur Folge hatte, dass die Untergebenen an der Basis ihn nicht mehr ernst nahmen.[39] Ohne selbst, wie etwa Fritz Köhne oder Wilhelm Oberdörffer, ein pädagogisches oder ein humanistisch geprägtes nachhaltiges Gegengewicht darzustellen, bahnte Witt durch seinen Anpassungskurs späteren nationalsozialistischen Scharfmachern den Weg in die Behörde, bevor er im zweiten Kriegsjahr als Person aus der Dammtorstraße verschwand. Nach sieben Jahren Nationalsozialismus wurde so die Jahreswende 1940/1941 zu einer Wendemarke in der Radikalisierung der Schulverwaltung: Die „Ära Henze" kündigte sich an. Albert Henze wurde zum Exekutor des totalen Krieges in der Schulverwaltung.

2.2 Verantwortlichkeit trotz Mediatisierung

Karl Witt wurde am 8. März 1933 als Deutschnationaler von der Bürgerschaft in ihrer Zusammensetzung vom 24. April 1932 in den nationalsozialistisch geführten Koalitionssenat gewählt und übernahm am folgenden Tage als Nachfolger von Emil Krause die Leitung der Schulverwaltung.[40] Für die sofort einsetzenden personalpolitischen Veränderungen in der Behörde und in den Schulen trug er die volle politische Verantwortung.[41] Seine Position und seine Kompetenzen als Präses der Landesschulbehörde wurden jedoch bereits 1933 durch zwei Regelungsschritte eingeschränkt und mediatisiert: Das „Erste Reichsstatthaltergesetz" vom 7. April 1933 unterstellte ihn wie auch seine anderen Senatskollegen unmittelbar dem Hamburger Machthaber Karl Kaufmann. Als fünf Monate später, am 14. September 1933, im Zuge der nationalsozialistischen Zentralisierung und Verankerung des Führerprinzips durch das Landesverwaltungsgesetz

[39] Am 15.6.1939 stellte der Schulleiter der Schule Rellinger Straße zum Rundschreiben der Schulverwaltung über die Abgrenzung der Aufgaben von HJ und Schule vom 15.6.1939 fest, „dass dies ein vollständiger Sieg der HJ ist" (StAHH, 362-3/107 Schule Rellinger Straße, Konferenzprotokolle 1931–1948).

[40] StAHH, 361-2 VI Oberschulbehörde VI, 633; StAHH, 131-15 Senatskanzlei – Personalakten, A 47; hierzu und zum Folgenden: Lohalm, Modell (2005), S. 122.

[41] Hierzu: Lohalm (2001), S. 15.

der Senat auf sechs Senatoren verkleinert wurde, schied Witt aus dem Senatsgremium aus. Er behielt jedoch mit der Bezeichnung „Senator" die Leitung der Schulverwaltung – jetzt Landesunterrichtsbehörde –, die der neu geschaffenen „Verwaltung für Kulturangelegenheiten" unter Senator Wilhelm von Allwörden unterstellt wurde.[42] Diese Einbindung änderte sich auch nicht durch den Verwaltungserlass Kaufmanns vom 24. September 1936, der die Machtstellung des Reichsstatthalters noch einmal unterstrich und verstärkte,[43] und hatte auch im Zuge der Vergrößerung Hamburgs durch das Groß-Hamburg-Gesetz 1937 und nach der Beendigung der Existenz eines selbständigen Landes Hamburg und seiner Statusveränderung als Gebietskörperschaft des Reiches 1938 weiterhin Bestand.[44] Zu einer abermaligen, jetzt also „dritten" Mediatisierung der Position Witts führte jedoch – gegen die Einwände Witts[45] – die nunmehr erfolgende Aufspaltung der Hamburger Verwaltung in die Kaufmann unmittelbar unterstehende „Staatsverwaltung" und die ihr unterstellte „Gemeindeverwaltung".[46] Auf beiden hierarchischen Ebenen wurde über Fragen des Schulwesens beraten und entschieden. Wilhelm Schulz, als Landesschulrat bisher dem Leiter der Schulverwaltung unterstellt, fungierte unter Beibehaltung seines Titels nunmehr auf höherer hierarchischer Ebene als Abteilungsleiter der Abteilung 4 (Schul- und Hochschulabteilung) der Staatsverwaltung[47] mit dem

---

[42] Hamburger Gesetz- und Verordnungsblatt 1933, Nr. 88, S. 357–359; StAHH, 362-3/40 Schule Turmweg, 107; Lohalm, Modell (2005), S. 125.

[43] Lohalm, Modell (2005), S. 125–126.

[44] Ebd., S. 131–132.

[45] StAHH, 361-2 VI Oberschulbehörde VI, 10: Witt sprach sich am 10.1.1938 gegenüber dem Reichsstatthalter erfolglos dagegen aus, „die in Jahrzehnten bewährte einheitliche Schulbehörde ohne zwingende Gründe zu zerreißen" in eine staatliche und eine gemeindliche Schulverwaltung.

[46] Der Aufbau der Verwaltung der Hansestadt Hamburg, [Hamburg] 1938, S. 8.

[47] Gesetz über die Verfassung und Verwaltung der Hansestadt Hamburg vom 8.12.1937 (RGBl I, S. 1327), § 5. Der Amtsträger „Landesschulrat" wurde daher nicht mehr wie bis 1937 als Teil der Schulverwaltung, sondern als Leiter einer Abteilung der Staatsverwaltung geführt; vgl. Handbuch der Hansestadt Hamburg 1939, im Vergleich S. 58 und 111. – Am 1.4.1938 teilte Schulz dem Reichsgeschäftsführer des NSLB mit, er sei mit dem heutigen Tage aus seiner bisherigen Stellung in der Kultur- und Schulbehörde in Hamburg ausgeschieden. Diese Behörde bestehe in der bisherigen Form nicht weiter und werde fortan als eine städtische Schulbehörde von Karl Witt geleitet, während ihm, Schulz, die Leitung der staatlichen Schul- und Hoch-

Sitz in Hamburg 13, Magdalenenstraße 50. In dieser übergeordneten Position konnte er seinem bisherigen Vorgesetzten, dem Leiter des Schulwesens innerhalb der Gemeindeverwaltung mit dem (angestammten) Sitz in Hamburg 36, Dammtorstraße 25, Weisungen erteilen. Konkurrierende Macht- und Gestaltungsansprüche, Kompetenzüberschreitungen, Doppelbearbeitungen, lange Dienstwege und mit ihnen verbundene Missverständnisse und Streitigkeiten waren damit vorgegeben – ein spezifisch hamburgischer Beitrag zur nationalsozialistischen Polykratie. Abgesehen von diesen drei formalen Mediatisierungen des verantwortlichen Leiters der Schulverwaltung hatten seine Behörde und die ihr unterstehenden Schulen in den unterschiedlichsten Gliederungen und Stellen der NSDAP eine nicht zu übersehende Anspruchskonkurrenz. Dennoch verblieb in Karl Witts Kompetenz der zentrale Bereich der staatlichen Personalpolitik, also die Entscheidung über Einstellungen, Beförderungen und Personalveränderungen und damit auch die volle personalpolitische Verantwortlichkeit;[48] darüber hinaus besaß er nicht unwesentlichen Einfluss auf die Verankerung der nationalsozialistischen Erziehungsdiktatur im Schulwesen in den Anfangsjahren der Diktatur.

2.3 Kompensationshaltung: bereitwillige Nazifizierung

Der Präses der Schulverwaltung Karl Julius Witt war, als er 1933 in das Gebäude Dammtorstraße 25 einzog, 42 Jahre alt.[49] Er war als seminaristisch ausgebildeter Volksschullehrer mit 20 Jahren in den Hamburger Schuldienst eingetreten. Der ihm übergeordnete Hauptlehrer der zweiklassigen Volksschule im hamburgischen Ochsenwerder hatte an dem jungen Lehrer nur auszusetzen, dass er „gern und viel" spreche und übertreibe, wenn er aus seinem Leben erzähle. Nach vorübergehender Sympathie für liberale und sogar sozialdemokratische Gedanken entdeckte Witt schon vor 1914

---

schulabteilung übertragen worden sei, also das gesamte Schul- und Hochschulwesen (Bundesarchiv Berlin, NS 12/1129).

[48] Uwe Lohalm, Garant nationalsozialistischer Herrschaft. Der öffentliche Dienst, in: Hamburg im „Dritten Reich", hg. von der Forschungsstelle für Zeitgeschichte in Hamburg, Göttingen 2005, S. 154–187, hier S. 185.

[49] Dieses und folgende Angaben nach StAHH, 361-3 Schulwesen – Personalakten, A 2149.

sein Interesse für die Kolonien und die Marine. Wie viele junge Männer seiner Generation meldete er sich freiwillig zum Kriegsdienst, wurde Ausbildungsleiter bei der Kriegsmarine, mit EK II und EK I ausgezeichnet und einige Monate vor Kriegsende zum Kapitänleutnant befördert. Das Jahr 1922 stand im Zeichen einer beruflichen und politischen Umorientierung: Witt trat in den Berufsschuldienst über, und er wurde Vorsitzender des zwei Jahre zuvor gegründeten, 1923 verbotenen und aufgelösten völkisch-antisemitischen Junglehrerbundes „Baldur".[50] Danach engagierte sich Witt im Schulwissenschaftlichen Bildungsverein, der ihn 1933 zum Ehrenmitglied ernannte.[51] 1924 wurde er als Abgeordneter der Deutsch-Völkischen Freiheitspartei (DVF) mit Gastrecht in der DNVP-Fraktion in die Hamburger Bürgerschaft gewählt, trat 1927 zur DNVP über und wurde Kandidat seiner Partei für die Reichstagswahl 1932. Seine parlamentarischen Reden sind allgemein gehalten und zeigen keinerlei bildungspolitisches Profil.[52]

Ohne den Machtwechsel vom März 1933 wäre Witt, das lässt sich mit an Sicherheit grenzender Wahrscheinlichkeit behaupten, nie Schulsenator geworden. Phrasenhaft klingen auch seine ersten Reden als Behördenleiter:[53] Mit altbekanntem deutschnationalen Vokabular beschwor Witt in einem Aufruf am 10. März 1933 die Abkehr von den bisherigen „Zeitirrtümern" und forderte die Besinnung „auf die bleibenden Grundlagen unseres sittlichen Lebens". Die Jugend müsse sich wieder an Zucht und Ordnung gewöhnen, Wehrhaftigkeit und der „Geist des Christentums, zu dem sich der überwiegende Teil unserer Bevölkerung bekennt", müsse „in der Schule mehr als bisher lebendig werden und ihre ganze Arbeit durchdringen". Ähnlich war Witts erste Rede vor der versammelten Lehrerschaft am 29. April 1933 bei Sagebiel – dem zentral gelegenen zeitweilig größten Versammlungsraum Hamburgs – gehalten.[54] Eine „Umgestaltung des Schulwe-

[50] Büttner/Groschek (1999), S. 121–125.

[51] StAHH, Zeitungsausschnittsammlung, 773 Carl Witt; Hamburgischer Correspondent Nr. 116 vom 9.3.1933.

[52] Stenographische Berichte über die Sitzungen der Bürgerschaft 1927, S. 129, 637–638 und 792–793 sowie 1928, S. 269–272 und 1139–1140.

[53] Rede vom 19.3.1933, in der Witt auch noch die „verfassungsmäßig garantierte[n] Gewissensfreiheit" betonte: StAHH, 361-2 VI Oberschulbehörde VI, 633; StAHH, 362-3/40 Schule Turmweg, 107; HLZ, Nr. 12–13/1933, S. 182.

[54] HLZ, Nr. 19/1933, S. 265–266; siehe auch Uwe Schmidt (2006), S. 45.

sens in christlich-nationalem Sinne" forderten zur gleichen Zeit auch seine politischen Freunde von der Rechtsfraktion der (noch bestehenden) Lehrerkammer in einer Eingabe an den neuen Schulsenator.[55] Andererseits stand Witt unter dem Beschuss überzeugter Nationalsozialisten, denen alles viel zu langsam ging und die den spezifisch nationalsozialistischen Einschlag bei den stattfindenden Veränderungen einforderten: Unter der Überschrift „Landesschulbehörde erwache" verkündete ein Anonymus W. T. die „Forderungen der nationalsozialistischen Lehrerschaft". In der Landesschulbehörde habe sich bislang „praktisch nichts, aber auch gar nichts" geändert, die Behörde wirke führerlos und weiterhin hätten Marxisten, Pazifisten und Demokraten das Sagen.[56]

Der Noch-Deutschnationale, selbst ohne profilierte eigene Zielvorstellungen zur Gestaltung des Schul- und Bildungswesens und vermutlich auch ohne tiefer gegründete pädagogische Überzeugungen, reagierte mit Willfährigkeit, um auch in der Außenwirkung zu zeigen, dass die von ihm geleitete Behörde Kurs hielt.[57] Er zeigte sich daher bemüht, die Direktiven des nationalsozialistisch geführten Senats zum Verbot der Zugehörigkeit zu marxistischen Parteien,[58] zur Einschränkung der Vereinigungsfreiheit von Schülern und zur Unzulässigkeit nicht-nationalsozialistischer Abzeichen und Symbole[59] schnellstmöglich in die Praxis umzusetzen, und kompensierte auf diese Weise seine fehlende Qualifikation als „alter Kämpfer". Bereits drei Monate, bevor am 13. Juli 1933 der nationalsozialistische Reichskommissar für die preußische Kultusverwaltung, Bernhard Rust, durch ein Regulativ zur Umbenennung von Schulen die Devise ausgab, die „Beilegung des Namens Adolf-Hitler-Schule" solle nur dann erfolgen, wenn „ganz besondere Verhältnisse eine solche Namensgebung rechtferti-

---

[55] Hamburger Schulblatt, Nr. 7/1933, S. 45; Saul (1991), S. 383.

[56] Hamburger Tageblatt vom 12.4.1933.

[57] So resümierte Karl Witt sein Tun am 14.9.1934 nach 18-monatiger Amtsführung auf einer Pflichtversammlung des NSLB-Kreises Bergedorf-Geesthacht in der Berufsschule Bergedorf unter der Themenstellung „Die Entwicklung der Schule. Maßnahmen der Landesunterrichtsbehörde im nationalsozialistischen Staat" (Hamburger Tageblatt vom 31.8.1934).

[58] StAHH, 362-3/50 Schule Telemannstraße, 11 (zum Datum 31.3.1933).

[59] StAHH, 361-2 VI Oberschulbehörde VI, 633; StAHH, 362-3/50 Schule Telemannstraße, 11 (zum Datum 11.4.1933).

gen",[60] hatte Witt für eine Umbenennung der Doppel-Volksschule Eilbektal 35–37 in Adolf-Hitler-Schule gesorgt, und für diese Namensgebung den bevorstehenden 44. Geburtstag des Reichskanzlers ausgewählt.[61] In seiner Rede betonte der Leiter der Schulverwaltung, gerade diese Schule biete durch die Zusammensetzung ihrer Schüler aus allen Schichten einen kleinen Ausschnitt aus dem gesamten Volkskörper und sei auch aus diesem Grunde geeignet, den Namen des Volkskanzlers zu tragen.[62] Nachdem er vehement die Überführung der Hamburger DNVP in die NSDAP betrieben hatte, wurde Witt als einziges prominentes DNVP-Mitglied auch formal und öffentlich erkennbar Nationalsozialist. Am 19. Mai 1933 meldete das nationalsozialistische *Hamburger Tageblatt* Witts Übertritt zur NSDAP. Den letzten Anstoß dazu habe eine Hitler-Rede gegeben, in welcher der Führer geäußert habe, es gebe keine Parteien mehr, sondern nur noch eine große Bewegung.[63]

Öffentlich bemerkbare Anordnungen des Neu-Nationalsozialisten Karl Witt betrafen die „Säuberung" der Schulbüchereien von unerwünschter Literatur,[64] die Anordnung des Wehrturnens mit dem Ziel, „dass der Gedanke der Wehrhaftmachung die gesamte Erziehungsarbeit der Schule durchzieht",[65] und den am 1. Juli 1933 angeordneten allmontäglichen Flaggenappell,[66] ver-

---

[60] StAHH, 361-2 VI Oberschulbehörde VI, 4826; wiederholt am 20.8.1934.

[61] Die Knabenschule war bisher von Heinrich Plate, die Mädchenschule vom Vorsitzenden der „Gesellschaft der Freunde des vaterländischen Schul- und Erziehungswesens" (GdF), Gustav Küchler, geleitet worden (Hamburgisches Lehrer-Verzeichnis, Schuljahr 1932/1933, hg. von der Gesellschaft der Freunde des vaterländischen Schul- und Erziehungswesens, Hamburg 1932, S. 137). Die dann vereinigte Schule wurde bis zu seiner Berufung zum Schulrat am 5.3.1934 vom NSLB-Funktionär Albert Mansfeld geführt (das ergibt sich aus: Bundesarchiv Berlin, NS 12/1024, zum Datum 1.11.1933).

[62] StAHH, 361-2 VI Oberschulbehörde VI, 4826 (zum Datum 19.4.1933).

[63] Hamburger Tageblatt vom 19.5.1933. Nach StAHH, 131-15 Senatskanzlei – Personalakten, A 47, erfolgte der Beitritt Witts zur NSDAP am 1.5.1933.

[64] StAHH, 362-3/50 Schule Telemannstraße, 11; StAHH, 362-3/40 Schule Turmweg, 107 (zum Datum 19.5.1933).

[65] StAHH, 362-3/40 Schule Turmweg, 107 (zum Datum 27.5.1933).

[66] StAHH, 361-2 VI Oberschulbehörde VI, 633; StAHH, 362-3/21 Schule Wohldorf-Ohlstedt, 4 Band 8; StAHH, 362-3/40 Schule Turmweg, 107. In den preußischen Nachbarstädten Altona, Harburg und Wandsbek erfolgte eine solche Anordnung erst neun Monate später.

bunden mit dem kurz zuvor angeordneten obligatorischen Hitlergruß.[67] Ein von Witt am 21. Juni 1933 eingebrachter entsprechender Gesetzentwurf führte dazu, dass die Selbstverwaltung der Hamburger Schulen durch das Führerprinzip und hierarchische, autoritäre Regelungen ersetzt wurde.[68]

2.4 Öffentliche Auftritte und Reden

Eine ganze Serie öffentlicher Auftritte und Reden zu allen möglichen Anlässen sind weitere Stationen dieses opportunistischen, plakativen Anpassungskurses, der sich wesentlich an der Leitfigur Adolf Hitler ausrichtete. So wandte sich Witt am 10. September 1933 bei der Eröffnung der Sportwettkämpfe der Hamburger Volksschulen im Stadtparkstadion an die versammelten Schülerinnen und Schüler:

> „Ihr seid das Deutschland von morgen, und diese Gewissheit legt euch eine harte Pflicht auf. Die Zeit der Weichheit ist vorbei. Es muss ein hartes Geschlecht heranwachsen, das die großen Aufgaben, die unser harren, erfüllen soll. […] Ein Volk muss auferstehen, und dieses eine Volk muss sich ein Reich schaffen, und in diesem Reiche müsst ihr Deutsche sein und euer Leben lang daran arbeiten. Eure deutsche Abstammung und [euer] Blut werden euch auf den rechten Weg leiten. […] Wir haben ein neues Reich durch unseren Führer bekommen. […] Ihr sollt diesen Mann ehren und ihm dankbar sein. […] Ihr müsst ihm dazu helfen, dass sein Leben und sein Tun nicht unnütz gewesen ist. An euch liegt es, dass Deutschland nicht untergeht."[69]

Anschließend begrüßte Witt auch die Teilnehmer der höheren Schulen.

---

[67] StAHH, 362-2/17 Oberrealschule St. Georg, 8 Band 6, S. 152; Lohalm (2001), S. 46.

[68] Gesetz über die Verwaltung der öffentlichen Schulen (Schulverwaltungsgesetz) vom 23.6.1933 (Hamburger Gesetz- und Verordnungsblatt 1933, Nr. 60, S. 226–233): Der Schulleiter wurde nun von der Schulverwaltung bestellt (§ 9), also nicht mehr gewählt, und konnte jederzeit von seinem Amt abberufen werden (§ 9). Das Gleiche galt für den stellvertretenden Schulleiter (§ 14).

[69] Hamburger Tageblatt vom 11.9.1933 (mit Bild).

Eine Fortsetzung dieser Diktion war neun Monate später Witts Ansprache vor 60.000 Jugendlichen von HJ und BDM, die im Stadtpark zur Sonnwendfeier versammelt waren. Die Sommersonnenwende sei ein Symbol für die Reinigung des Volkes: „Ihr sollt revolutionär sein, ihr sollt die Bewegung weiter treiben, aber diese Revolution soll im Inneren der Herzen vor sich gehen." Der Leiter der Schulverwaltung mahnte seine jugendlichen Zuhörer, treu zu bleiben „wie unsere Väter, die bereit waren, für ihr Volk in den Tod zu gehen".[70] Auch 1936 hielt Witt auf dem Heiligengeistfeld, dieses Mal im Rahmen des Deutschen Jugendfestes, die Flammenrede auf der Sonnwendfeier der Hamburger Schulen.[71]

Obwohl die Ansprüche der Hitler-Jugend massiv gegen die Schule und ihre Lehrer gerichtet waren, beteiligte sich Witt an spektakulären Inszenierungen der nationalsozialistischen Jugendorganisationen, so an einer Versammlung der Führerschaft des Deutschen Jungvolks mit Gauleiter Karl Kaufmann am 17. Dezember 1933 im Gewerbehaus,[72] am 24. Januar 1934 an der Zeremonie des feierlichen Einholens der HJ-Bannfahnen am Rathaus, an der das Deutsche Jungvolk maßgeblich beteiligt war,[73] und am 22. September 1934 an der Abschlussveranstaltung einer HJ-Schulungswoche auf dem Schulungsschiff „Hein Godenwind".[74] HJ und Schule sollten sich bei ihrer gemeinsamen Arbeit nicht gegenseitig Schwierigkeiten machen, betonte Witt in seiner Ansprache „Hitler-Jugend und Schule", sie müssten vielmehr „Hand in Hand ihren Aufgaben gerecht werden". Gegen die Mehrheit der Lehrer in den Schulen, der Schulleiter[75] und vermutlich auch der Schulaufsichtsbeamten seiner eigenen Behörde bekannte sich Witt zu dem

[70] Hamburger Tageblatt vom 24.6.1934, zum Datum 23.6.1934: Witt sprach für den verhinderten Reichsstatthalter.

[71] StAHH, 361-2 VI Oberschulbehörde VI, 636 (zum Datum 21.6.1936). Gemeinsam gesungen wurde das Lied „Flamme empor".

[72] Hamburger Tageblatt vom 18.12. und 19.12.1933.

[73] Hamburger Tageblatt vom 25.1.1934.

[74] Hamburger Tageblatt vom 24.9.1934.

[75] Im Gegensatz zu Witt hatten sich am Tage zuvor (21.9.1934) die Schulleiter der Volksschulen gegen den Staatsjugendtag gewandt und – mit der vorgeschobenen Begründung, es fehle an „richtigen Führern" – seine Aufhebung gefordert. Zwischen Schule und HJ solle eine „scharfe Abgrenzung" stattfinden (StAHH, 362-3/40 Schule Turmweg, 108).

dreieinhalb Monate zuvor eingeführten allwöchentlichen Staatsjugendtag,[76] der die Gleichrangigkeit von HJ und Schule etablieren sollte und einen Monat zuvor, am 25. August, erstmalig durchgeführt worden war. Mit diesen Äußerungen distanzierte sich der Leiter der Schulverwaltung, des Beifalls seiner jugendlichen Zuhörer gewiss, zugleich von der Mehrheit der ihm dienstlich unterstellten Lehrer: „Eine wesentliche Aufgabe sei die Heranbildung einer nationalsozialistischen Lehrerschaft." Hamburg habe mit der Schulung von 700 Lehrern in Lagern dazu den Anfang gemacht.[77] Die Teilnehmer hätten „den Geist und die Lebensweise der neuen Jugend erlebt".

Die Ausführungen Witts in einer öffentlichen NSDAP-Kundgebung in Barmbek-Nord am 9. März 1935 wurden immer wieder – wie es heißt: spontan – durch den Beifall der Versammelten unterbrochen. Witt zog hier eine erste Bilanz seiner nunmehr zweijährigen Amtsführung:

> „In außerordentlich volkstümlicher Weise setzte Pg. Witt den Anwesenden auseinander, wie Schul- und Erziehungsfragen durch das frühere demokratische System behandelt wurden. Er stellte dem gegenüber das positive verantwortungsbewusste Arbeiten und die zukunftweisende Zielsetzung der nationalsozialistischen Führung."

Erziehungsziel sei die Heranbildung einer gesunden Jugend, deren Charaktereigenschaften gipfeln müssten „in germanischen Tugenden wie Wehrhaftigkeit, Treue und Verantwortungsfreudigkeit".[78]

2.5 Rassismus ohne eigene Initiative

Von seiner deutschnationalen Herkunft her teilte Karl Witt den Antisemitismus der Nationalsozialisten, entwickelte auf diesem Gebiet aber keine eigenen Aktivitäten. Damit keine Zweifel am „richtigen" Kurs entstehen konnten, brachte Witt zum Ausdruck, dass er sich auch mit der Rassenlehre des

---

[76] Lehrer und Schule unterm Hakenkreuz. Dokumente des Widerstands von 1930 bis 1945, hg. von Hermann Schnorbach, Königstein i. Ts. 1983, S. 94: Einführung des Staatsjugendtages am 7.6.1934, wieder aufgehoben am 4.12.1936.

[77] Über die Lagerschulung: Uwe Schmidt (2006), S. 81–89.

[78] Hamburger Tageblatt vom 10.3. und 12.3.1935.

Nationalsozialismus identifizierte, jedenfalls in dem Maße, dass er als echter Nationalsozialist erkennbar war: „Der Nationalsozialismus ist der normale Ausdruck der deutschen Seele. Schon in unsere Jugend legen wir das rassische Bewusstsein. Der Sozialismus der Tat ist besser als das Kommunistische Manifest."[79] Der Leiter der Schulverwaltung zeigte sich, ohne von sich aus initiativ zu werden, bemüht, die vom Reich erlassenen rassenpolitischen Direktiven – so das „Gesetz zur Wiederherstellung des Berufsbeamtentums" vom 7. April 1933 und das „Reichsgesetz gegen die Überfüllung der Schulen und Hochschulen" vom 25. April 1933 – für Hamburg zügig umzusetzen. So ordnete er bereits am 27. April 1933 eine Erhebung in den Schulen über die Lehrkräfte „nicht arischer Abstammung" an,[80] wartete aber für weitere Maßnahmen auf die Umsetzungsbestimmungen aus Berlin,[81] und am 12. Juni 1933 verfügte er eine weitere Erhebung zur „arischen" Abstammung der Sextaner.[82] Kooperativ, anpassungswillig und sorgsam darauf bedacht, jeglichen Konflikt mit dem Machtzentrum um den Gauleiter und Reichsstatthalter zu vermeiden, verhielt sich Witt auch weiterhin bei der Verankerung der nationalsozialistischen Rassenpolitik im Schulwesen.[83] Weitere eigene Initiativen auf diesem Gebiet wurden durch den zu-

[79] Am 20.9.1933 auf einer Kundgebung der NSDAP-Ortsgruppe St. Georg-Süd in Bans Gesellschaftshaus zum Thema „Ein Volk – ein Staat" (Hamburger Tageblatt vom 21.9.1933).

[80] StAHH, 362-2/36 Gymnasium Klosterschule, 177 (Konferenzbuch 1933–1945), S. 17; Hans-Peter de Lorent: Schulalltag unterm Hakenkreuz. Aus Konferenzprotokollen, Festschriften und Chroniken Hamburger Schulen von 1933–1939, in: „Die Fahne hoch" (1986), S. 91–117, hier S. 95 (aus den Schulakten der Höheren Handelsschule Schlankreye).

[81] Dieses zeigt der Aktenvermerk von Oberschulrat Wilhelm Oberdörffer vom 2.5.1933 (StAHH, 361-2 VI Oberschulbehörde VI, 602): „Keine Aktivitäten der Behörde bis zum Eintreffen der Umsetzungsbestimmungen aus Berlin. Klärung ist in folgenden Punkten nötig: Sollen die im Gesetz genannten Prozentzahlen für die Obergrenzen nichtarischer Personen für jede Schule einzeln oder für die höheren Staatsschulen insgesamt gelten? Sollen die privaten Schulen zu gleichen Bedingungen einbezogen werden? Verlieren die jüdischen Schulen ihre Berechtigungen? Steht den Betroffenen die Fremdenreifeprüfung offen?"

[82] StAHH, 361-2 VI Oberschulbehörde VI, 602; StAHH, 362-2/17 Oberrealschule St. Georg, 8 Band 6, S. 134. Die meisten „nichtarischen" Sextaner meldeten die Lichtwarkschule (18), die private Realschule Wirth, Mittelweg 90 (16), die Oberrealschule für Mädchen Curschmannstraße (14), das Johanneum (10), die private Firgau-Realschule, Sierichstraße 53 (8), das Heinrich-Hertz-Realgymnasium (7) und die Helene-Lange-Schule (6).

[83] Das wird belegt durch ein vierseitiges Rundschreiben, in welchem Witt am 2.7.1937 den Erlass des Reichserziehungsministeriums über „die Auswirkung des Reichsbürgergesetzes vom

nehmenden Aktionismus des Reichserziehungsministeriums (REM) sowie durch die Aktivitäten des in seiner Behörde wirkenden Landesschulrats Wilhelm Schulz und des von diesem geführten NSLB in zunehmendem Maße entbehrlich, sie wurden aber von Witt mitgetragen und mitverantwortet. Dennoch konnte Witt angesichts dieser Machtverteilung im Rückblick von Zeitgenossen wie Fritz Köhne und Wilhelm Oberdörffer als ein „eigentlich nicht so schlimmer Nationalsozialist" in Erinnerung bleiben.[84] Im Vergleich mit dem ihm nachfolgenden Albert Henze ist eine solche Einschätzung verständlich, andererseits gab Witt aber durch seinen Kurs, nicht anzuecken und sich durchzulavieren, Möglichkeiten aus der Hand, gegebenenfalls und in Zweifelsfällen anderen Menschen helfen zu können: Den immer noch gegebenen Ermessensspielraum für die Unterscheidung von „Halbjuden" und „Mischlingen ersten Grades" im konkreten Einzelfall für den betreffenden Menschen zu nutzen[85] überforderte seine Persönlichkeit und sein Amtsverständnis. Am 28. August 1940, also mehr als ein Jahr vor Beginn der von Kaufmann initiierten Deportationen der Hamburger Juden,[86] sprach er sich dafür aus, die alleinige Kompetenz der Entscheidung über die Frage, wer als Jude oder „jüdischer Mischling" anzusehen sei, der Gestapo zu überlassen,[87] die eine für alle Behörden bindende Kartei anlegen sollte. Die von Witt geleitete Schulverwaltung wollte mit diesem Vorstoß sogar Vorreiter für das gesamte Reichsgebiet sein. Wäre dies gelungen, hätte Witts Initiative schon zu diesem Zeitpunkt und nicht erst 1942 die Situation der „Mischlinge" erheblich erschwert,[88] denn „Mischlinge" konnten „nur ohne die Existenz einer den Lebenslauf begleitenden Akte mit einer

---

15. September 1935 auf das Schulwesen" erläuterte. Zu Lehramtsprüfungen seien Juden und „jüdische Mischlinge" nicht zugelassen, denn „Juden können nicht Lehrer oder Erzieher deutscher Jugend sein" (StAHH, 361-2 VI Oberschulbehörde VI, 637; StAHH, 362-3/40 Schule Turmweg, 109).

[84] StAHH, 361-3 Schulwesen – Personalakten, A 2149 (zum Datum 25.8.1952).

[85] Nach der Ersten Verordnung zum Reichsbürgergesetz von 1935 sollten „Halbjuden" als „Juden" von „Mischlingen ersten Grades" unterschieden werden. Vgl. Beate Meyer: „Jüdische Mischlinge". Rassenpolitik und Verfolgungserfahrung 1933–1945, Hamburg 1999, S. 193.

[86] Frank Bajohr nennt als entscheidendes Datum die von Kaufmann initiierte Sitzung am 16.10.1941. Frank Bajohr: Von der Ausgrenzung zum Massenmord. Die Verfolgung der Hamburger Juden 1933–1945, in: Hamburg im „Dritten Reich", hg. von der Forschungsstelle für Zeitgeschichte in Hamburg, Göttingen 2005, S. 471–518, hier S. 508.

[87] StAHH, 361-2 VI Oberschulbehörde VI, 353.

nicht mehr zu revidierenden Einstufung [...] individuell versuchen, das ‚freie Ermessen' der Amtsinhaber zu ihren Gunsten zu beeinflussen".[89]

2.6 Vorzeitiger Abgang und nachträgliche Schönung

Drei Monate später entzog sich Witt nach siebeneinhalbjähriger Leitung der Schulverwaltung für die nächsten vier Jahre seinem bisherigen Wirkungsbereich, jedoch nicht etwa – wie der fast gleichaltrige Oberschulrat Wilhelm Oberdörffer – aus grundsätzlichen oder konzeptionellen Erwägungen,[90] sondern durch die gewiss von ihm selbst betriebene Einberufung zum Kriegsdienst.[91] Eine leitende Tätigkeit bei der Kriegsmarine erschien Witt gegenüber den immer ungünstiger werdenden Bedingungen, unter denen Schule stattfand und verwaltet werden musste, und unter dem Eindruck anstehender personeller Veränderungen in der Schulverwaltung das geringere Übel.[92] Nach seiner Rückkehr vier Monate vor Kriegsende setzte

---

[88] Am 2.7.1942 wurden die „Mischlinge ersten Grades" vom Besuch aller weiterführenden Schulen ausgeschlossen (StAHH, 361-2 VI Oberschulbehörde VI, 353).

[89] Meyer (1999), S. 194.

[90] Über Oberdörffers Abgang aus der Schulverwaltung: Uwe Schmidt (1999), S. 405–407.

[91] Einberufung zur Marine ab 26.11.1940 (StAHH, 361-3 Schulwesen – Personalakten, A 2149; StAHH, 361-2 VI Oberschulbehörde VI, 641); Wiederaufnahme des Dienstes am 1.1.1945 (StAHH, 362-3/25 Volksschule für Jungen Lagerstraße, 512 Band 1). Ein Dokument über eine freiwillige Meldung liegt nicht vor, aber seine Einberufung kann nicht anders erfolgt sein. In seinem Alter (55 Jahre) und bei seiner Funktion und seiner Grundhaltung (Kriegsfreiwilliger des Ersten Weltkrieges) wäre Witt trotz der Distanz zu Kaufmann, wenn er es hätte wollen, u.k. gestellt worden. Andererseits war er für Kaufmann, anders als Schulz und Henze, entbehrlich, wenn er selbst denn unbedingt eingezogen werden wollte. In der Schulverwaltung hatte er ohnehin nicht mehr viel zu sagen: Schulz war mächtiger als er, Henze war bereits in die Schulverwaltung berufen worden, und insgesamt konnte für das Schulwesen am Ende des zweiten Kriegsjahres nichts Großes mehr bewegt werden.

[92] Zu Anfang des zweiten Kriegsjahres hatte Witt noch vor dem Beirat der Schulverwaltung versucht, die Zustände im Schulwesen schönzureden: „Alles im Schulwesen ist rosarot gemalt worden. Witt hat sich wieder mal gescheut, das Kind beim Namen zu nennen" (Gustav Schmidt, Kriegstagebuch 1939–1945, Hamburg 2004, S. 27, zum Datum 26.1.1940). Witts geschönte Berichterstattung lag auch den Meldungen der Hamburger Presse zugrunde, die – wie Gustav Schmidt notiert – „erlogen u. durch und durch unwahrhaftig" waren.

Witt weder in der Schulverwaltung noch in dem weitgehend funktionslos und ineffektiv gewordenen Schulwesen irgendwelche Akzente.[93] Dieses mag dazu beigetragen haben, dass nach weiteren sieben Jahren, also fast zwölf Jahre nach seinem Abgang aus der Schulverwaltung, die Gesamtbeurteilung seines Wirkens so milde und geradezu verharmlosend ausgefallen ist: Unter Berufung auf den im selben Jahr wie Witt aus der Schulverwaltung ausgeschiedenen Oberdörffer und seinen im Dienst verbliebenen Kollegen Fritz Köhne stellte Landesschulrat Ernst Matthewes 1952 – im Zusammenhang mit einem gerichtlichen Vergleich über Witts Versorgungsbezüge – fest, Witt habe „als Senator und nach seinem Ausscheiden aus dem Senat als Präsident der Landesunterrichtsbehörde sein Amt nicht als typischer Nationalsozialist verwaltet“. Er habe, so ein weiteres Votum, sich stets bemüht, „die gute Tradition im Hamburger Schulwesen zu erhalten, niemals persönliche Gehässigkeit verübt und ist politischen Gegnern immer mit Verständnis begegnet“.[94] Noch weiter gingen Witts Anwälte, die behaupteten, Witt habe sich auf Distanz zur NSDAP gehalten und sei der Staatspartei sogar „unbequem“ geworden.[95] Diese Einschätzung dramatisiert in unzulässiger Weise zugunsten Witts die anfängliche Periode der Machtabgrenzung der nationalsozialistischen Potentaten untereinander[96] und provoziert die Frage, ob ein nationalsozialistischer Funktionsträger, dessen Hauptmerkmal opportunistische Anpassung gewesen ist, überhaupt „unbequem“ gewesen sein kann.

[93] In den Akten zuletzt erkennbar ist er am 10.2.1945 (Reiseantrag zum Besuch evakuierter Schulen und von KLV-Lagern in der Lüneburger Heide) und am 16.3.1945 (Antrag auf Beschaffung eines Fahrrades für dienstliche Zwecke) (beides in: StAHH, 361-3 Schulwesen – Personalakten, A 2149) sowie am 21.3.1945, als er – sechs Wochen vor der Übergabe Hamburgs an das britische Militär – dem Reichserziehungsministerium eine Aufstellung über „jüdische Mischlinge und jüdisch Versippte“ im öffentlichen Dienst nach dem Stand vom 1.1.1945 vorlegte (Bundesarchiv Berlin, R 4901/13125): „Sie werden ausschließlich mit Verwaltungsarbeit beschäftigt, die keine zentrale Bedeutung besitzt.“

[94] StAHH, 361-3 Schulwesen – Personalakten, A 2149 (zum Datum 25.8.1952).

[95] StAHH, 131-15 Senatskanzlei – Personalakten, A 47 (zum 27.10.1952).

[96] Hierüber: Uwe Schmidt (2006), S. 45–47.

3 Nachfolger auf Zeit – Wilhelm Schulz

3.1 Aufstieg in Staat und Partei

Wilhelm Schulz, zwei Jahre jünger als Karl Witt, stand formal gesehen nur knapp zwei Monate an der Spitze der Schulverwaltung. Mit Schulz' Ausscheiden aus dem Schulwesen – 15 Monate, nachdem Witt zur Kriegsmarine eingezogen worden war – ging eine herausragende nationalsozialistische Karriere zu Ende, die 1933 mit dem Einzug in die Schulverwaltung, mit der Übernahme der Leitung der „Gesellschaft der Freunde des vaterländischen Schul- und Erziehungswesens" (GdF) und dem Neuaufbau des NSLB in den Strukturen der GdF begonnen hatte.[97] Wie viele seiner Berufskollegen war Schulz als „sozialer Aufsteiger" über eine sechsjährige Ausbildung außerhalb Hamburgs auf einer Präparandenanstalt und einem anschließenden Lehrerseminar mit 20 Jahren in den Lehrerberuf gelangt[98] und ab 1908 im damals hamburgischen Geesthacht eingesetzt worden. Die akademische Ausbildung der Volksschullehrer, von der Bürgerschaft am 15. Dezember 1926 mit großer Mehrheit gesetzlich beschlossen, entsprach ganz und gar seinem berufspolitischen und pädagogischen Selbstverständnis. Den Einzug der ersten Interessenten für diesen Studiengang erlebte Wilhelm Schulz persönlich an der Universität mit, an die er zur Teilnahme an einem Lehrgang über Pädagogische Psychologie vom Schuldienst beurlaubt worden war. Seine weitere berufliche Zukunft hätte durchaus die eines wissenschaftlichen Mitarbeiters am Seminar für Erziehungswissenschaft der Universität Hamburg sein können, für das er im Zusammenhang mit seinen wissenschaftlichen Studien tätig war.[99] Der nationalsozialistische

---

[97] Hierzu detailliert: Uwe Schmidt (2006), besonders S. 31–35.

[98] Hierzu und zum Folgenden: Klaus Saul: „Ein Volk, eine Schule, ein einheitlicher Lehrerstand": Die Durchsetzung der Universitätsausbildung für Volksschullehrer in Hamburg 1903–1926, in: Der Traum von der freien Schule, hg. von Hans-Peter de Lorent und Volker Ullrich, Hamburg 1988, S. 135–166, hier: S. 136. Siehe auch: Saul (1991), S. 385.

[99] Hans Scheuerl: Zur Geschichte des Seminars für Erziehungswissenschaft, in: Hochschulalltag im „Dritten Reich". Die Hamburger Universität 1933–1945, hg. von Eckart Krause, Ludwig Huber und Holger Fischer, Berlin und Hamburg 1991, Teil II, S. 519–535, hier S. 529.

Machtwechsel wurde für ihn jedoch zum Sprungbrett in eine für nationalsozialistische Karrieren typische Doppelposition eines Bildungsfunktionärs in Partei und Staat: Die Eroberung der Führung der GdF verschaffte ihm die Voraussetzung zur Machtübernahme im NSLB, die Position des Landesschulrats führte ihn fünf Jahre nach der Übernahme dieses Amtes in eine einflussreiche Funktion der Staatsverwaltung.

Die Position des Landesschulrats war in Hamburg 1920 geschaffen[100] und erstmalig am 19. November 1920 durch den vormaligen Leiter des Lehrerinnenseminars Freiligrathstraße, Karl Umlauf, besetzt worden.[101] Der Landesschulrat hatte die Aufgabe, „die allgemeinen großen Fragen des Unterrichts- und Erziehungswesens auf ihren Wert zu prüfen, der Oberschulbehörde hierüber zu berichten und […] dafür zu sorgen, dass die von der Behörde für richtig erkannten Maßnahmen auf allen Gebieten des Schulwesens einheitlich zur Durchführung gelangten".[102] Witt nahm am 27. September 1933 nach dem altersbedingten Ausscheiden von Oberschulrat Wolfgang Meyer, der das Amt bisher für den aus dem Dienst entfernten Ludwig Doermer kommissarisch wahrgenommen hatte, bis zu einer etwaigen Wiederbesetzung der Position des Landesschulrats eine vorläufige Neuregelung der Geschäftsverteilung vor: Der für die Berufsschulen zuständige, dem bisherigen Wirkungsbereich Witts also nahestehende Oberschulrat Udo Lohse übernahm für sieben Wochen die Geschäfte des Landesschulrats, unterstützt von den dienstältesten Oberschulräten der höheren Schulen und der Volksschulen.[103] Es ist anzunehmen, dass die Initiative zur Wiederbesetzung des Amtes mit Wilhelm Schulz von Karl Kaufmann und nicht von Karl Witt ausging, wenn Letzterer auch formal den Antrag stellte.

---

[100] Gesetzsammlung der freien und Hansestadt Hamburg, Band 57, Jg. 1920, S. I 438; Berufliche Schulen in Hamburg. 150 Jahre staatlich, Hamburg 1990, S. 105.

[101] StAHH, 361-3 Schulwesen – Personalakten, A 517; StAHH, 361-6 Hochschulwesen – Dozenten- und Personalakten, III 41 und IV 1063; Rainer Hering: Vom Seminar zur Universität. Die Religionslehrerausbildung in Hamburg zwischen Kaiserreich und Bundesrepublik, Hamburg 1997, S. 159 und S. 204, Anm. 508.

[102] Oberschulbehörde Hamburg. Jahresbericht 1925, Hamburg 1926, S. 7.

[103] StAHH, 361-2 VI Oberschulbehörde VI, 633.

3.2 Untergebener und Rivale

Nach seiner Ernennung zum kommissarischen Oberschulrat für das Volksschulwesen am 20. März 1933, die durch einen eigens für ihn angeordneten Laufbahnwechsel zustandekam,[104] war Wilhelm Schulz ab 15. November 1933 der dritte Hamburger Landesschulrat.[105] Bis zur Übernahme der Abteilung 4 der Staatsverwaltung ab 1. April 1938 war er in dieser Position dem Leiter der Schulverwaltung, Karl Witt, formal unterstellt. Er werde, so die Sonntagsausgabe des nationalsozialistischen *Hamburger Tageblatts*, aus seiner unmittelbaren Verbindung mit der Volksschule „die Kraft gewinnen, mitzuarbeiten an einem neuen Bau aller Schulen, der der völkischen Einheit und ständischen Geltung des Dritten Reiches entsprechen wird und in einem schönen Sinn den stolzen Namen ‚Deutsche Volkschule' trägt". Zugleich Leiter des NSLB, sei er geradezu berufen zur Förderung eines einheitlichen Schulwesens und eines einheitlichen Lehrerstandes und werde daher „als ehemaliger Volksschullehrer Gefolgschaft in der gesamten hamburgischen Lehrerschaft finden".[106] Im Unterschied zu seinem späteren Vorgesetzten und danach Untergebenen Karl Witt brachte Wilhelm Schulz jedoch für seine Funktionen gegründete bildungspolitische und auf erziehungswissenschaftlicher Reflexion beruhende reformpädagogische Voraussetzungen mit.[107] Er identifizierte sich mit spezifisch hamburgischen Errungenschaften wie Oberbau, Aufbauschule und akademischer Lehrerbildung und verteidigte sie gegen Veränderungsabsichten des Reichserziehungsministeriums. In Anknüpfung an die von seiner Lehrerorganisation, der GdF, vertretenen Konzeption der Einheitsschule entwickelte Schulz bereits 1933 das Modell einer nationalsozialistischen Gesamtschule. Die Voraussetzungen, auf denen die republikanischen Reformvorhaben beruht hatten, waren

[104] Saul (1991), S. 386. Hierauf nahm das *Hamburger Tageblatt* nach Schulz' Ernennung zum Landesschulrat noch einmal indirekt Bezug: „Wir fragen unsere Führer nicht nach ihrer Herkunft, sondern nach ihren Leistungen." Für Sonderinteressen habe das „Dritte Reich" keinen Raum (Hamburger Tageblatt vom 19.11.1933).

[105] StAHH, 361-6 Hochschulwesen – Dozenten- und Personalakten, I 376 Band 1 und Band 2; HLZ, Nr. 46/1933, S. 613; Saul (1991), S. 386–387.

[106] Hamburger Tageblatt vom 19.11.1933 (mit Bild).

[107] Hierzu: Uwe Schmidt (2006), S. 95–97: Die reformpädagogischen Überzeugungen des NSLB-Führers Wilhelm Schulz.

allerdings mit dem Menschenbild des Nationalsozialismus – Indoktrination, Entindividualisierung, Abrichtung auf das Staatsinteresse – nicht vereinbar.[108] Diese von Schulz offenkundig nicht bemerkte oder verdrängte Diskrepanz macht diesen nationalsozialistischen Bildungsfunktionär für den nachzeichnenden Historiker zu einer zwiespältigen Figur, da er auf beiden Ebenen einen Aktivismus entwickelte, der den von Karl Witt an den Tag gelegten bei weitem übertraf und nicht, wie bei Witt, primär durch opportunistische Anpassung, sondern durch Überzeugung geleitet war.[109]

Schon sehr bald wurde deutlich, dass Schulz, verankert gleichermaßen in Staat und Partei, der eigentlich starke Mann der Schulverwaltung wurde und unangefochten acht Jahre lang blieb. Bereits 14 Tage nach seinem Amtsantritt am 20. März 1933 setzte er die Aufhebung der bisherigen Schulkreiseinteilung und eine interimistische Neuordnung durch. Sich selbst verschaffte er die Schulaufsicht über die für die Durchsetzung der Rassenpolitik des Nationalsozialismus wichtigen Sonderschulen.[110] Den Oberklassen der Volksschule und des Oberbaus verordnete er einen zeitgeschichtlichen Schulungskurs: Die Begeisterung für die völkische Bewegung solle die geschichtliche Einsicht und den Willen zur politischen Mitarbeit fördern und der „Festigung der nationalen Erneuerung unseres Vaterlandes" dienen. Der Primat der Politik müsse fortan die Autonomie der Pädagogik ablösen. Hierbei war die Gestalt Adolf Hitlers besonders herauszustellen.[111] Das Gewicht der nationalsozialistischen Rassenpolitik verdeutlichte Wilhelm

---

[108] In einer NSLB-Versammlung am 14.3.1938 wies Schulz auf die „Ziellosigkeit der Erziehung vor der Machtübernahme" hin. Erst durch die weltanschaulichen Grundlagen des Nationalsozialismus habe die Erziehung einen tieferen Sinn erhalten (StAHH, 362-9/4 Jahnschule, 63).

[109] Hierzu vgl. Uwe Schmidt (2006), S. 91–94: Die Usurpierung der Hamburger Schulreformtradition durch den NSLB Hamburg. – Auf die negative Einschätzung der Qualifikation des nationalsozialistischen Bildungsfunktionärs durch Kurt Zeidler („von dürftiger Qualität") nimmt in seiner Kurzbiographie Hans-Peter de Lorent Bezug, ohne sich damit zu identifizieren: Schulz sei in der GdF zwar nicht populär, aber auch kein unbeschriebenes Blatt gewesen (de Lorent, Qualität [2007], S. 44).

[110] StAHH, 362-3/40 Schule Turmweg, 107 (zum Datum 3.4.1933). Die endgültige Neuordnung und Neueinteilung unter gefügigen Gefolgsleuten der NSDAP erfolgte am 11.5.1933.

[111] StAHH, 362-3/40 Schule Turmweg, 107 (zum Datum 5.5.1933); Milberg (1970), S. 379. Es folgte am 8.7.1933 ein von Schulz verfasstes Rundschreiben zum Geschichtsunterricht der Volksschulen mit der Akzentuierung „Deutschland in Ketten" und „Deutschland erwacht" (StAHH, 362-3/40 Schule Turmweg, 107; StAHH, 362-10/2 Sprachheilschule Zitzewitzstraße, 44 Band 1).

Schulz bei seiner Ernennung zum Landesschulrat am 15. November 1933, indem er seinen Erlass über „Erblehre und Rassenkunde“ für die Volksschulen unter ein „Führerwort“ (*Mein Kampf*, S. 476) stellte: „Es soll kein Knabe und kein Mädchen die Schule verlassen, ohne zur letzten Erkenntnis über die Notwendigkeit und das Wesen der Blutreinheit geführt worden zu sein.“ Im begleitenden geschichtlichen Lehrgang hieß es: „Die Judenfrage ist besonders geeignet, den Willen zur Artreinheit triebsicher zu machen.“ Ausgeschlossen sei als „ganz verwerflich“ die Ausrottung, sehr beschränkt die Möglichkeit zur Auswanderung, Ghettoisierung sei nicht wiederherstellbar, Assimilation gefährlich. Es bleibe die klare rechtliche Scheidung zwischen „Wirtsvolk“ und „Gastvolk“.[112] Ziel der Erziehung seien „Menschen von nordischer Artung und deutscher Volkheit, von hansischem Wagemut und festem Gottesglauben, völkische Menschen [...], politische Menschen, die als ausgreifende Kämpfer in Führung, Gefolgschaft und Kameradschaft, als lebenstüchtige Arbeiter in Lager, Beruf und Stand das Dritte Reich tatenfroh vorantragen“.[113]

3.3 Präferenz für die Hitler-Jugend

Der Reformpädagoge Wilhelm Schulz, seit mehr als zwei Jahrzehnten mit der schulischen Alltagspraxis vertraut, aufgeschlossen und engagiert für die neue Lehrerbildung, hat den Lehrern seiner eigenen Generation generalisierend ein im nationalsozialistischen Sinne schlechtes Zeugnis ausgestellt: Die Lehrerschaft, führte Schulz nach seiner Ernennung zum Landesschulrat aus, habe in der Zeit des Kampfes um die politische Macht „sich der jugendlichen Bewegung versagt. Nur eine kleine Schar ist es gewesen, die diesen Kampf mitgekämpft hat.“ Andererseits pries Schulz seinen Gönner und Promotor Karl Kaufmann und wurde nicht müde zu betonen, „wie

---

[112] StAHH, 361-2 VI Oberschulbehörde VI, 945 Band 1. Kurz vor Weihnachten ging der Text an die Tagespresse (Hamburger Anzeiger vom 11.4.1934) und die Fachpresse (Vergangenheit und Gegenwart. Zeitschrift für Geschichtsunterricht und politische Erziehung, 24. Jg. [1934], Heft 1, S. 53–54).

[113] StAHH, 361-2 VI Oberschulbehörde VI, 633; Bundesarchiv Berlin, R 4901/4430; Hamburg im Dritten Reich, Heft 1: Die Neugestaltung der Schule, hg. von Wilhelm Schulz, [Hamburg 1935], S. 43; HLZ, Nr. 51–52/1933, S. 706–707; Milberg (1970), S. 376 und 538.

sehr der Gauleiter sich immer um den NS-Lehrerbund gekümmert hat, wie sehr er stets seine Kämpfe verfolgte und ihm Unterstützung zuteil werden ließ, wo es nötig und möglich war". Dass der Hamburger NSLB „beispielhaft für ganz Deutschland wirke", sei Kaufmann zu verdanken. Und dann folgte eine in diesem Kontext unerwartete und für die Schule und die in ihr Lehrenden problematische Wendung: Der Hamburger NSLB fühle sich daher besonders der Hitler-Jugend verbunden.[114] Der nicht mehr ganz junge nationalsozialistische Bildungsfunktionär positionierte sich damit bereits bei Amtsantritt als ein Bundesgenosse der revolutionären Jugendbewegung, in den Hintergrund trat statt dessen die primär pädagogisch orientierte Aufgabenbeschreibung des Landesschulrats, „dafür zu sorgen, dass die von der Behörde für richtig erkannten Maßnahmen auf allen Gebieten des Schulwesens einheitlich zur Durchführung gelangten".[115] Dadurch geriet das funktionsbedingte Spannungsverhältnis, geprägt durch die überkommene Struktur aus Elternhaus, Schule, Kirche und Jugendbewegung und im Gleichgewicht gehalten durch die moderierende Funktion der übergeordneten Behörde, von Anfang an in eine Schieflage. Durch HJ und BDM wurde die Position von Schule und Lehrenden prinzipiell angegriffen und wurden ihre Ansprüche und Forderungen von Grund auf gefährdet.[116]

Anders als der nominelle Vorgesetzte des Landesschulrats, Karl Witt, der das Problem immerhin, wenn auch zu spät, wenigstens erkannte, aber zu schwach war, Gegenmaßnahmen zu treffen, arbeitete Schulz mit dem Instrument ideologischer Verdrängung: „Ein Verbindungsmann des Lehrerbundes regelt alle schwebenden Fragen mit der HJ", versprach Schulz zum Jahrestag der „Machtergreifung" 1934 und verwies auf die „unermüdliche Arbeit" seit dem 30. Januar 1933.[117] Die von ihm abhängigen Bildungsfunktionäre sprachen ihm nach: So behauptete der von Schulz ernannte Ge-

---

[114] Hamburger Tageblatt, Hamburger Fremdenblatt, Hamburger Anzeiger und Hamburger Nachrichten vom 29.10.1933 (mit Bild); Hamburger Fremdenblatt vom 29.11.1933 (Abendausgabe; mit Bild); HLZ, Nr. 47/1933, S. 641; HLZ, Nr. 48/1933 vom 2.12.1933, S. 645–648.

[115] Oberschulbehörde Hamburg. Jahresbericht 1925, S. 7.

[116] Hierzu: Barbara Schneider: Die Höhere Schule im Nationalsozialismus. Zur Ideologisierung von Bildung und Erziehung, Köln, Weimar und Wien 2000, S. 377–378. Elke Nyssen: Schule im Nationalsozialismus, Heidelberg 1979, S. 63: „Das nationalsozialistische Verhältnis von ‚Führer und Gefolgschaft' kann nur in der HJ verwirklicht werden, nicht in der Schule."

[117] Hamburger Tageblatt Nr. 31 vom 1.2.1934, Erste Beilage: „Der Nationalsozialistische Lehrerbund im 1. Regierungsjahr Adolf Hitlers".

schäftsführer des NSLB Hamburg, Kurt Holm, der sich selbst zum „Stabsführer" des NSLB stilisierte, in einem Schreiben an den NSLB-Führer Hans Schemm am 27. April 1934 sogar davon, „zwischen der HJ und dem NSLB [sei] ein inniges Verhältnis geschaffen worden, das sich sicher einmal für das gesamte Reichsgebiet auswirken wird". In Hamburg habe man die anderenorts bestehenden „Meinungsverschiedenheiten und Missverständnisse" zwischen NSLB und HJ „einigermaßen überwunden".[118] Holm hatte sich persönlich sehr dafür eingesetzt, dass ein vom NSLB Hamburg erworbenes Haus in Duhnen an die HJ als Heim und Jugendherberge übergeben wurde.[119] Der nationalsozialistische Oberlehrer Herbert Bieber berichtete über eine Zusammenkunft von HJ und NSLB am 13. September 1934. Die Schulverwaltung bemühe sich auch über den NSLB, an dessen Spitze Landesschulrat Wilhelm Schulz stehe, um die „Bereinigung strukturell bedingter Konflikte".[120] Die bis 1933 bestehende „kollektive Balance" innerhalb des pädagogischen Dreiecks aus Lehrenden, Lernenden und deren Eltern war schon durch die Abschaffung der schulischen Selbstverwaltung und die Oktroyierung des Führerprinzips ins Wanken geraten. Der Reichserlass über die Schaffung von Schulgemeinden und die Berufung von Jugendwaltern vom 24. Oktober 1934[121] verstärkte lediglich die politisch-ideologische Komponente: Schuljugendwalter sollten nach dieser Konzeption „geeignete Lehrer", möglichst Junglehrer, sein, die vom regionalen Beauftragten für Schulfragen, in der Regel vom NSLB, ernannt wurden und selbst schon durch die HJ gegangen waren. An diese Konstruktion hielt sich zwar *nolens volens* die Schulverwaltung, doch setzte sich auf dieser Grundlage langfristig die HJ über den NSLB. Hieß es noch am 15. Februar 1938, nur die vom NSLB ernannten Schuljugendwalter würden von der Schulverwaltung an-

---

[118] Bundesarchiv Berlin, NS 12/1024.

[119] Bundesarchiv Berlin, NS 12/1024 (zum Datum 23.4.1934). Vgl. Albert Mansfeld: Die Weihe des Hauses der Jugend in Cuxhaven „Ove-Ovens-Haus", in: HLZ, Nr. 16/1934, S. 225–226: Der Erwerb gehe auf einen Aufruf zurück, den Wilhelm Schulz schon im Juli 1933 habe ergehen lassen. Die Realisierung sei nur möglich geworden „durch die nicht ermüdende und geschickte Verhandlungsweise unseres Geschäftsführers und Parteigenossen Kurt Holm". Der von den Nationalsozialisten als ein Märtyrer ihrer Bewegung hochstilisierte Lehrer Ove Ovens war als 32-jähriger Bahrenfelder Zeitfreiwilliger 1919 bei Straßenkämpfen in Hamburg ums Leben gekommen.

[120] HLZ, Nr. 36–37/1934, S. 543–544.

[121] Lehrer und Schule unterm Hakenkreuz (1983), S. 94.

erkannt und sie hätten nicht das Recht des Eingreifens in innerschulische Vorgänge,[122] so las man am 23. Mai 1938: „Die Schuljugendwalter werden durch Vertrauenslehrer der HJ ersetzt: Der Schulleiter entscheidet auf Vorschlag des zuständigen Bannführers. Der Vertrauenslehrer muss dem NSLB angehören und soll möglichst aus der HJ hervorgegangen sein."[123]

Wilhelm Schulz forderte die Lehrer auf, die HJ tatkräftig zu unterstützen. Der NSLB habe „ständig in engster Verbindung mit der Hitler-Jugend" gestanden.[124] Schulz wies die Schulen an, bei ihrer Terminplanung Rücksicht auf die HJ zu nehmen, nicht umgekehrt. Mit Rücksicht auf die HJ müssten Schüler die Termine für geplante Schulunternehmungen mindestens 14 Tage vorher erfahren.[125] Schulveranstaltungen durften den Unternehmungen der HJ nicht im Wege stehen, hausaufgabenfreie Tage sicherten den HJ-Dienst ab.

Eine 1937 im Auftrag von Wilhelm Schulz vom Amt für Erzieher der NSDAP (NSLB Hamburg) herausgegebene Broschüre über Aufgaben, Aufbau und Geschäftsverkehr des NSLB redet das nicht zu übersehende Konfliktfeld zwischen Schule und Hitler-Jugend schön:

> „Hitler-Jugend und Schule können ihre Aufgaben nicht als Erziehung auf der einen und als Unterricht auf der anderen Seite voneinander scheiden. Sie erfassen beide, jede zu ihrer Zeit, den ganzen Jugendlichen, nur mit verschiedenen Formen und Mitteln volkhafter Bildung. Daher müssen Hitler-Jugend und Erzieherschaft sich an einander ausrichten und miteinander zusammenarbeiten."[126]

Das Gemeinschaftsleben der Schule und die Erziehung der Schuljugend seien, so heißt es in einer Art Beschwörungsformel, „so weit wie möglich nach den Lebensformen der Hitler-Jugend zu gestalten".[127] Schulz verstärkte die-

---

[122] StAHH, 362-3/40 Schule Turmweg, 109.

[123] StAHH, 362-3/20 Fritz-Schumacher-Schule, 4.

[124] StAHH, 361-2 VI Oberschulbehörde VI, 635 (zum Datum 28.6.1935).

[125] StAHH, 362-3/40 Schule Turmweg, 109.

[126] Erziehung und Unterricht. Bestimmungen über Aufgaben, Aufbau und Geschäftsverkehr der Gauhauptstelle mit einem Stellenplan, hg. vom Amt für Erzieher (NS-Lehrerbund) Gau Hamburg, [Hamburg 1937], S. 10.

[127] Ebd.

sen Ton in einer Rundfunkansprache an die Lehrerschaft und die Schuljugend Groß-Hamburgs vom 17. April 1937, wo er behauptete:

> „Nie und nimmer [...] stehen HJ-Dienst und Schularbeit im Gegensatz zu einander, im Gegenteil: der beste Hitler-Junge hat auch der beste Schüler zu sein. Gemeinsam in dieser Pflicht zur höchsten Leistung stehen beide, Lehrer und Schüler, und das ist ihre Ehre!"[128]

Aber nicht einmal innerhalb der Funktionärsschicht des NSLB brachte Schulz die Kritik am Ausufern der HJ zum Verstummen, wie eine interne Aussprache unter den Kreisamtsleitern des NSLB Hamburg am 11. Februar 1938 zeigte: Von „starken Spannungen zwischen HJ und Schule" war da die Rede. Der stellvertretende Leiter der Abteilung Erziehung und Unterricht im Hamburger NSLB, Wilhelm Arp, gab eine „grundsätzliche Entscheidung" des Stellvertreters des Führers anlässlich einer Auseinandersetzung zwischen NSLB und Reichsjugendführung bekannt, „dass seitens der Partei für die Erziehungsarbeit innerhalb der Schule der Lehrerbund und für die Erziehung außerhalb der Schule die Hitler-Jugend zuständig sei". Die Kreisamtsleiter, so heißt es, griffen diese Mitteilung begierig auf und behaupteten, dass sie diese Entscheidung unbedingt schriftlich haben müssten, um bei ihren Hoheitsträgern gegenüber der Hitler-Jugend durchzudringen.[129]

Wilhelm Schulz, der bei der Eroberung der Macht über den NSLB eine klare Konzeption verfolgt hatte und sich erfolgreich für reformpädagogische Hamburgensien einsetzte, der seine Bundesgenossen in Bayreuth – der Zentrale des NSLB – und Berlin zu mobilisieren verstand, hatte auf Hamburger Ebene Rücksicht zu nehmen auf die gegebenen Machtstrukturen und vor allem auf die Haltung des Gauleiters, dem Schulz ja seine Macht verdankte. Aber vermutlich waren auch seine eigenen nationalsozialistischen Überzeugungen gegenüber der HJ stärker als die pädagogischen Bedenken der ihm unterstellten Lehrer, von denen er gewusst haben muss. Wie weit die Schule hatte zurückweichen müssen, muss ihm spätestens bei den Anfängen der Kinderlandverschickung und dem sie begleitenden polykratischen Organisationschaos aufgegangen sein: Die Schulen sollten, so teilte die HJ-Gebietsführung dem NSLB-Gauamtsleiter Wilhelm Schulz mit,

[128] HLZ, Nr. 12/1937, S. 133.

[129] Bundesarchiv Berlin, NS 12/11.

bei der Auswahl der HJ-Führer (Lagermannschaftsführer) nicht mitwirken, da „die von den Schulen aufgegebenen Führer zu einem großen Teil untauglich sind".[130]

3.4 Außendarstellung des Schulwesens

Nicht Karl Witt als erster Mann der Schulverwaltung erließ am 28. März 1934 den Aufruf zum zweiten Schuljahr im „Dritten Reich", sondern der mächtigere, ihm formal unterstellte Landesschulrat Wilhelm Schulz: Die Lehrer, verkündete er, seien durch ihren organisatorischen Anschluss an den NSLB und die Mitarbeit an der nationalsozialistischen Schulreform „mit der Weltanschauung und Willensrichtung des Nationalsozialismus so sehr vertraut geworden", dass von ihnen nun auch „ein inneres Bekenntnis zur nationalsozialistischen Schulführung gefordert werden kann". Wer sich nicht zu jeder Zeit und an jedem Ort als „rechter Nationalsozialist" erweisen könne, solle freiwillig den Schuldienst verlassen.[131]

Auch in der spektakulären Außendarstellung der nationalsozialistischen Schule beanspruchte und erhielt Wilhelm Schulz den Vorrang vor seinem nominellen Vorgesetzten Karl Witt: So eröffnete er am 3. Dezember 1934 im Ausstellungshaus der Schulverwaltung, Spitalerstraße 6, eine Ausstellung über „Unsere Saar", an deren Zustandekommen die Schulverwaltung, das ihr unterstehende Institut für Lehrerfortbildung und der NSLB mitgewirkt hatten. Karl Witt gehörte zu den Gästen.[132] Als „Hausherr" präsentierte sich Wilhelm Schulz zwei Monate später bei der Eröffnung der im selben Hause stattfindenden Sonderausstellung der Schulverwaltung zum Thema „Erbgut in Familie, Volk und Rasse". Anlage (Erbgut) und Umwelt, so Schulz, „fügen die Entwicklung" eines Menschen, die geistigen Ströme erwüchsen aus ihrer rassischen Bedingtheit. Die Hamburger Schulen hätten seit Au-

[130] StAHH, 361-10 Kinderlandverschickung, 82.

[131] StAHH, 361-2 VI Oberschulbehörde VI, 276; StAHH, 362-2/36 Gymnasium Klosterschule, 262; Altregistratur Luisen-Gymnasium (Hamburg), Tagebuch (Ein- und Ausgangsbuch). Die Schulleiter wurden angewiesen, über die politische Haltung und „über jedes abwegige Verhalten" der Lehrer „sachlich" zu berichten, verlangt wurden andererseits aber gute Kameradschaft und vertrauensvolle Gefolgschaft.

[132] Hamburger Tageblatt vom 4.12.1934.

gust 1933 planmäßig an diesem Thema gearbeitet und zeigten nun ihre Ergebnisse: Geräte, Karten, Bilder, Statistiken und Modelle.[133]

Zum Auftakt des ersten Groß-Hamburger Schuljahres im April 1937 wandte sich Landesschulrat Wilhelm Schulz – nicht der Behördenleiter Karl Witt – mit einer weit über den Schulbereich hinausgehenden politisch-programmatischen Rede über den Rundfunk an die Lehrerschaft und die Schuljugend Groß-Hamburgs:

> „Die bisherigen Grenzen Hamburgs, die jahrhundertelang der Ausdruck deutscher Zerrissenheit und kleinmütigen territorialen Denkens waren, sind beseitigt und haben einem größeren und vernünftigeren Staatsraum Platz gemacht. Was in jahrzehntelangem Bemühen ein liberalistischer Staat nicht erreichen konnte, ist durch den Willen und die Entscheidung des Führers über Nacht Wirklichkeit geworden."

Groß-Hamburg sei darüber hinaus „der erste Schritt der geplanten Neuordnung des Reiches überhaupt". Der Landesschulrat sprach den Lehrern Achtung und Anerkennung für die geleistete Arbeit aus. Das neue Schuljahr leite zugleich den zweiten Vierjahresplan ein.[134]

Es war daher auch konsequent, dass Wilhelm Schulz – und nicht Karl Witt – Deutschland auf der 7. Weltkonferenz der Lehrer- und Erzieherorganisationen in Tokio vom 2. bis 7. August 1937 vertrat, worüber das nationalsozialistische *Hamburger Tageblatt* unter der Überschrift „Landesschulrat Schulz an Hamburgs Erzieher: Deutsch sprach die Stimme aus Tokio ... Auf Kurzwelle von Internationalem Erzieherkongress in Tokio erzählt" berichtete. Es sei, so Schulz, die „verantwortliche Pflicht des Lehrers [...], denen entgegenzutreten, die durch Entstellung der Wahrheit den Frieden stören. Denn nur durch wahres gegenseitiges Verstehen könnte der wahre Friede herbeigeführt werden." Die Ausführungen der deutschen Gäste über Erziehungsfragen des neuen Deutschlands hätten größtes Interesse gefunden. So grüßte Schulz „die Heimat in der Hoffnung, dass die deutsche Vertretung in Japan dem deutschen Volk genützt hat".[135]

---

[133] StAHH, 361-2 VI Oberschulbehörde VI, 635; Hamburger Tageblatt vom 5.2.1933: Sonderausstellung vom 4.2. bis 15.4.1935.

[134] HLZ, Nr. 12/1937, S. 133.

[135] Bundesarchiv Berlin, NS 12/1129; HLZ, Nr. 33–34/1937, S. 349; Hamburger Tageblatt vom 6.8.1937; Uwe Schmidt (2006), S. 93–94. Die Rede wurde im Gauhaus der NSDAP, Alster-

3.5 Superiorität über den Leiter der Schulverwaltung

Der Anspruch des Landesschulrats auf Superiorität gegenüber dem Leiter der Schulverwaltung verdichtete sich bereits vor Einrichtung der Staatsverwaltung und fand seinen institutionellen Abschluss 1938: Im Namen des Hamburgischen Staatsamtes, ihrem Vorläufer, gab Schulz am 1. Oktober 1935[136] den offiziellen Sammelband *Hamburg im Dritten Reich* heraus, in dessen erstem Heft er unter dem Titel „Die Neugestaltung der Schule“ die nationalsozialistische Erziehungsdiktatur darstellte.[137] Bei allem „Verständnis für ein kameradschaftliches Zusammenarbeiten der Schulverwaltung mit den Schulen“ hielt Schulz am 21. November 1938, jetzt als übergeordneter Schulbefehlshaber, dem Leiter der Schulverwaltung vor, könnten den Schulen keine „Befugnisse eingeräumt werden, die in der Zeit vor 1933 üblich waren“. Er billige daher die von Witt „vertretene Regelung“ über die Durchführung der Reifeprüfung nicht.[138] In einer Art Kräftemessen mahnte der Mächtigere also die Durchsetzung der autoritären Schulverfassung an, die der weniger mächtige Witt ja selbst 1933 eingeführt hatte,[139] als ihm Schulz noch unterstellt gewesen war. Nicht aus besonderer Sympathie für Witt, sondern um ohnehin vorhandene Spannungen mit dem REM nicht unnötig zu überstrapazieren, entschied sich der Reichsstatthalter am 23. Januar 1939 in einem Streit zwischen Staatsverwaltung und Schulverwaltung für die vom REM angeordnete Aufhebung der 1922 gegründeten Aufbauschule, durch die besonders befähigten Absolventen des Oberbaues der Volksschule der Weg zur Reifeprüfung geöffnet worden war.[140] Witt argumentierte in dieser Auseinandersetzung formalloyal, Schulz mit reform-

---

ufer 27, mit technischer Hilfe durch die Landesbildstelle abgehört und den Reden gleichgestellt, die Reichsstatthalter Karl Kaufmann anlässlich des Staatsaktes zum Inkrafttreten des Groß-Hamburg-Gesetzes am 31.3. und 1.4.1937 gehalten hatte.

[136] Bundesarchiv Berlin, R 4901/4430.

[137] Hamburg im Dritten Reich, Heft 1: Die Neugestaltung der Schule (1935).

[138] StAHH, 361-7 Staatsverwaltung – Schul- und Hochschulabteilung, 4012-32.

[139] Witt wollte von der vom REM erlassenen reichsrechtlich verbindlichen Vorschrift, für den sprachlichen Zug das Prüfungsfach Mathematik durch Erdkunde und Geschichte zu ersetzen, abweichen und den Schulen die Entscheidung überlassen, nachdem er sich 14 Tage zuvor für eine Übergangsregelung im Sinne des REM ausgesprochen hatte. Schulz warf ihm vor, seinen Standpunkt geändert zu haben.

pädagogischen Gesichtspunkten, wonach begabten Schülern der Übergang von einer Schulart zu einer anderen ermöglicht werden sollte: Der Leiter der Schulverwaltung habe die Sachlage fehlerhaft dargestellt, die Entscheidung sei daher voreilig und ohne die Möglichkeit einer Stellungnahme durch die Staatsverwaltung erfolgt. Witt sei „über den gesamten Fragenkreis nicht vollständig oder nur einseitig unterrichtet" gewesen. Die Auslese und Weiterführung gut begabter Volksschüler sei weiterhin von „schulpolitischer Wichtigkeit".[141] Als Fürsprecher der Volksschule trat Schulz auch auf, als er (in seiner Funktion als Gauwalter des NSLB) dem Leiter der Schulverwaltung, Karl Witt, vorwarf, er wolle zwar Lehrerinnen der Volksschulen, nicht aber der höheren Schulen für den Noteinsatz heranziehen.[142]

Reformpädagogische Überzeugungen und Gesichtspunkte praktischer Nützlichkeit, gestützt auf die Machtbasis, die sich Schulz verschafft hatte, verbanden sich bei manchen seiner Personalentscheidungen und ließen gelegentlich spezifisch nationalsozialistische Elemente in den Hintergrund treten. Spätere Beurteiler halten Schulz zugute, er habe die Gleichschaltung „schonend" betrieben und sogar als „Retter in der Not" gewirkt: So sorgte er zum Beispiel dafür, dass Fritz Köhne als Schulrat für Volksschulen im Amt blieb,[143] und er war (hier im Einvernehmen mit Karl Witt) Anhänger

[140] StAHH, 131-10 II Senatskanzlei – Personalabteilung II, 699. Während Witt mit dem Abbau bereits 1938 durch Nichteinrichtung von Eingangsklassen begonnen hatte, die durch Förderklassen an anderen Schulen ersetzt wurden, verlangte Schulz, die „wertvolle Arbeit der Aufbauschule" so lange zu erhalten, bis größere Erfahrungen mit den Förderklassen vorlägen. Für den Fall der Aufhebung der Aufbauschule plädierte Schulz für die Übergabe des Gebäudes Hohe Weide an die Hochschule für Lehrerbildung, während Witt es für Zwecke der Volksschule nutzen wollte. Der Reichsstatthalter behielt sich die künftige Verwendung des Gebäudes vor. Schulz solle zusammen mit dem „Beauftragten für die Arisierung" prüfen, „ob nicht im Zuge der Arisierung des Grundbesitzes geeignete Gebäude für die Hochschule für Lehrerbildung beschafft werden könnten".

[141] StAHH, 361-7 Staatsverwaltung – Schul- und Hochschulabteilung, 4020-30: Wilhelm Schulz am 22.2.1939 an den Reichsstatthalter.

[142] StAHH, 361-2 VI Oberschulbehörde VI, 54 (zum Datum 12.10.1938). Hierüber kam es zu einem „spitzen" Schriftwechsel zwischen Schulz und Witt.

[143] Zu Schulz' Eintreten für Fritz Köhne vgl. Saul (1991), S. 401; weitere Beispiele ebd., S. 388: Schulz intervenierte zum Schutze von durch Entlassung Bedrohten wie Fritz Rössel (wegen Logenzugehörigkeit) und Herbert Theodor Becker (wegen früherer SPD-Mitgliedschaft), außerdem bei Personalgutachten seines Nachfolgers an der Hochschule für Lehrerbildung, des SS-Hauptsturmführers Bernhard Pein, über politische Zuverlässigkeit, zum Beispiel in Bezug

des Hamburger Modells der Lehrerbildung, die ja bis zur Gründung der Hochschule für Lehrerbildung weiterhin an der Universität erfolgte. Möglicherweise ist es Schulz aufgrund der als Mitarbeiter der Universität gewonnenen Kontakte und Einsichten zu verdanken, dass die neue Hamburger Lehrerbildung bis 1936 unangetastet blieb und der Dozentenstab geschlossen in die neue Institution übergeleitet werden konnte.[144] Hart reagierte Schulz dagegen bei offenkundigen Verstößen gegen nationalsozialistische Grundsätze, deren Auswirkungen auch außerhalb seines Machtbereichs wahrgenommen wurden: So betrieb er im Februar 1935 mit Nachdruck die Entlassung der wissenschaftlichen Assistentin am Seminar für Erziehungswissenschaft Margarete Eberhardt. Sie hatte Geld für KZ-inhaftierte Studenten gesammelt, und ein entsprechender Brief war in die Hände der Gestapo gelangt.[145]

3.6 Der Seiteneinsteiger Albert Henze

Nach der Einberufung Witts zum Kriegsdienst wurde die Wahrnehmung seiner Aufgaben als Leiter der Schulverwaltung zunächst Senator Oscar Toepffer übertragen.[146] Er wurde durch seinen Senatskollegen Friedrich Ofterdinger vertreten.[147] Der politisch unbedeutende Senatsneuling Toepffer fun-

---

auf Fritz Blättner. Den „Arierparagraphen" legte Schulz zugunsten alter Frontkämpfer aus (ebd., S. 290), und er bemühte sich (ohne Erfolg), Rudolf Peter als Leiter der Hochschule für Lehrerbildung durchzusetzen (ebd., S. 391).

[144] Saul (1991), S. 386–387; Scheuerl (1991), S. 529.

[145] Saul (1991), S. 394–396.

[146] StAHH, 361-2 VI Oberschulbehörde VI, 641 (zum Datum 21.11.1940). Zu Oscar Toepffer siehe StAHH, 131-15 Senatskanzlei – Personalakten, A 118. Der vormalige Oberregierungsrat bei der Wohlfahrtsbehörde wurde 1934 als Jurist ins Hamburger Staatsamt berufen und trat am 1.5.1937 in die NSDAP ein. 1937 zum Beigeordneten beim Reichsstatthalter berufen, wurde er auf Veranlassung Kaufmanns ab 26.10.1940 u.k. gestellt. Als Senator war er verantwortlich für die Staatsverwaltung, nach der Kapitulation vorübergehend für das Rechtsamt, bis er am 14.11.1945 auf Veranlassung der Militärregierung entlassen wurde.

[147] Hamburger Tageblatt vom 21.2.1943: Ofterdinger gab als „stellvertretender Leiter der Schulverwaltung", das heißt, wenn man genau hinsieht, als Vertreter des noch amtierenden Interimsleiters der Schulverwaltung Wilhelm Schulz, einen informellen „Rechenschaftsbericht" über zehn Jahre nationalsozialistischer „Aufbauarbeit" im Schulwesen.

gierte jedoch lediglich als Handlanger des Reichsstatthalters Karl Kaufmann: Eine seiner ersten Maßnahmen war es, ab 11. Januar 1941 den noch wenige Wochen zuvor mit der Materie vollkommen unvertrauten politischen „Seiteneinsteiger" Albert Henze mit der „leitenden Bearbeitung der Schul- und Erziehungsangelegenheiten" in der Schulverwaltung zu beauftragen. Dazu gehörten „alle Sachen von allgemeiner, grundsätzlicher oder politischer Bedeutung" und für alle Schulbereiche das Personalreferat, „insbesondere auch alle Vorschläge für Ernennungen, Beförderungen und Entlassungen von Lehrkräften" sowie „unmittelbar die Bearbeitung der Ernennungs- und Beförderungsvorschläge". Henze wurde auch die Aufsicht über die Schuldienststelle der HJ unterstellt.[148] Eine insgesamt 16 Monate andauernde Übergangsperiode vom 21. November 1940, dem Tag der Verabschiedung Karl Witts,[149] bis zum 25. März 1942, dem Zeitpunkt der Erkrankung Wilhelm Schulz',[150] stand somit im Zeichen des Aufstiegs und der Machtkonsolidierung von Albert Henze, und zwar unter unmittelbarer Protektion des Reichsstatthalters. Die Absicht Karl Kaufmanns, ihn als neuen „starken Mann" der Schulverwaltung aufzubauen, gab – schon im Abgang begriffen – der nominelle Leiter der Schulverwaltung, Karl Witt, am 12. September 1940 bekannt.[151] Erst 13 Monate nach dem Amtsantritt Henzes beauftragte Reichsstatthalter Karl Kaufmann am 1. Februar 1942 Wilhelm Schulz mit der Vertretung des Leiters der Schulverwaltung.[152] Hierzu bemerkte am 3. Februar 1942 der aufmerksame Chronist Schulrat Gustav Schmidt: „Der Senator wird jetzt vom Landesschulrat vertreten, an sich eine vernünftige Lösung, die manche Mehrarbeit sparen könnte. [...] Aber

[148] StAHH, 361-2 VI Oberschulbehörde VI, 780; StAHH, 361-2 VI Oberschulbehörde VI, 4687 (zum Datum 24.1.1941). In seinem „Rückblick und Ausblick" (Landesarchiv Schleswig-Holstein, Abt. 811 Nr. 43195) stellte Henze 1975 hierzu fest, der Reichsstatthalter habe ihm über die Tätigkeit als Schulaufsichtsbeamter hinaus „auch die Aufgaben des zur Wehrmacht eingezogenen Schulsenators" übertragen. Diese ungewöhnliche Karriere sei aber begleitet gewesen „von ebenso ungewöhnlichen Abwehrmaßnahmen meinerseits".

[149] StAHH, 361-2 VI Oberschulbehörde VI, 641.

[150] StAHH, 361-2 VI Oberschulbehörde VI, 643.

[151] StAHH, 362-2/36 Gymnasium Klosterschule, 260.

[152] StAHH, 362-3/102 Gemeindeschule Volksdorf, Ablieferung 2005/1, 12 (zum Datum 18.2.1942); StAHH, 362-2/36 Gymnasium Klosterschule, 260; Gustav Schmidt (2004), S. 68.

welche Tatkraft wird er aufbringen? Wie lange wird er gegen den skrupellosen Henze ankommen?“[153]

3.7 Neue Problemfelder

Kaufmann hatte seinem älteren Protegé Wilhelm Schulz seine Gunst keineswegs entzogen. Dieser leitete weiterhin die Schul- und Hochschulabteilung der Staatsverwaltung und war in dieser Funktion und als NSLB-Führer mit mehreren neuen Problemfeldern befasst: mit der Organisation der erweiterten Kinderlandverschickung ab dem 1. Oktober 1940[154] und der Abwehr schulstruktureller Veränderungen, die vom Reich her gegen den Willen Hamburgs durchgesetzt werden sollten.[155] Außerdem wurde zu diesem Zeitpunkt die Hansische Hochschule für Lehrerbildung, ein schulpolitisches Lieblingskind des Landesschulrats, geschlossen und die Lehrerbildung auf Lehrerbildungsanstalten umgestellt. Für die praktische Ausbildung der Lehrerinnen und Lehrer an Oberschulen ließ Schulz ein Studienseminar einrichten. Dessen Arbeitsgemeinschaft „Nationalpolitische Erziehung“ übernahm – wie es heißt, auf „ausdrücklichen Wunsch“ des Landesschulrats Wilhelm Schulz – Oberschulrat und Gauschulungsleiter Albert Henze.[156] So gesehen, kann also von einer Rivalität zweier Protegés des Reichsstatthalters nicht gesprochen werden.

Fünf Monate nach Einsetzen der ersten Verschickungen nahm Schulz an einer zwölftägigen Besichtigungsfahrt durch 53 KLV-Lager in Sachsen und

---

[153] Gustav Schmidt (2004), S. 68–69.

[154] StAHH, 361-2 VI Oberschulbehörde VI, 1547; Carsten Kressel: Evakuierungen und Erweiterte Kinderlandverschickung im Vergleich. Das Beispiel der Städte Liverpool und Hamburg, Frankfurt a. M. u. a. 1996, S. 42, 172 und 119.

[155] StAHH, 361-7 Staatsverwaltung – Schul- und Hochschulabteilung, 4001-13.

[156] StAHH, 361-7 Staatsverwaltung – Schul- und Hochschulabteilung, 4010-24. In dieser Funktion erlebte ihn die damalige Studienreferendarin Elisabeth von der Lieth (1918–2002), als er in Uniform „smart und flott wie ein Edelnazi aus dem Bilderbuch“ die Referendare zur Eröffnung des Ausbildungsjahres 1941/42 im Seminargebäude Angerstraße begrüßte. Dabei erwähnte er, er habe sich in der Lüneburger Heide russische Kriegsgefangene vorführen lassen, das „Gesockse“ müsse verrecken (Elisabeth von der Lieth im Rückblick am 21.6.1999, siehe Uwe Schmidt [1999], S. 398).

Bayern als Begleiter von Bürgermeister Carl Vincent Krogmann teil. Zur Delegation gehörten auch der Wandsbeker Schulrat Hugo Millahn sowie je ein Vertreter der Parteiorganisation der NSDAP und der NSV.[157] Im Widerspruch zu dem gezielt optimistisch gehaltenen Presseecho dieser Inspektionsfahrt standen die Vorwürfe und Vorhaltungen, die Schulz und sein enger Mitarbeiter, NSLB-Gauhauptstellenleiter Kurt Holm, nach der Rückkehr am 13. März 1941 an die in das Curiohaus zusammengerufenen NSLB-Funktionäre richteten: Ausbleibende Erfolge der KLV angesichts geringer Beteiligung seien den Lehrern anzulasten, die sich nicht genügend für eine klassenweise Verschickung einsetzten. Die an der KLV hauptbeteiligte und mit dem NSLB konkurrierende NSV betreibe außerdem eine einseitige Werbung und Berichterstattung, indem sie zwar sich selbst und die HJ erwähne, nicht aber den NSLB, den Repräsentanten der Lehrer.[158] Sieben Monate später ordnete Schulz, jetzt als für das Schulwesen zuständiger Abteilungsleiter der Staatsverwaltung, für die Zeit vom 6. bis 11. Oktober 1941 erneute Elternversammlungen zur Werbung für die KLV an,[159] eine Aktion, die er zwei Monate darauf noch einmal wiederholen ließ,[160] bevor von übergeordneter Stelle am 20. Januar 1942 erst einmal eine langsamere Gangart als die bislang von Schulz eingeschlagene angeordnet wurde.[161] Es ist anzunehmen, dass dieses Hin und Her und das ständige Rivalisieren mit einer Vielzahl nationalsozialistischer Organisationen um Kompetenzen und Ein-

[157] Bundesarchiv Berlin, NS 12/1129, 297 (zum Februar/März 1941). Die Berichterstattung in der regionalen Presse hatte zugleich die Funktion, für die Teilnahme an der KLV zu werben. So war die Rede von blitzsauberen Lagern, ausgezeichneten Lagerleitern, einer guten schulischen Betreuung und guter Verpflegung – da lasse sich auch das gelegentliche Heimweh ertragen.

[158] StAHH, 361-10 Kinderlandverschickung, 82. „Einberufen" zu dieser Sitzung waren die Gauhauptstellenleiter, Kreiswalter und Fachschaftsleiter des NSLB.

[159] StAHH, 361-7 Staatsverwaltung – Schul- und Hochschulabteilung, 4002-30/0; StAHH, 361-2 VI Oberschulbehörde VI, 642 (zum Datum 4.10.1941).

[160] StAHH, 361-10 Kinderlandverschickung, 82; StAHH, 361-7 Staatsverwaltung – Schul- und Hochschulabteilung, 4002-30/0 (zum Datum 3.12.1941). Auf den Erholungsaspekt und die gesicherte schulische Betreuung sollte eigens hingewiesen werden.

[161] Der Gaubeauftragte der NSDAP für die KLV, Henry Meyer, retardierte die Werbeaktion für die KLV; es solle einstweilen nur noch „mit aufklärendem und unterrichtendem Charakter" auf die KLV hingewiesen werden, damit in der Öffentlichkeit nicht der „Eindruck eines plötzlichen Abstoppens" entstehe (StAHH, 361-10 Kinderlandverschickung, 82).

fluss auf die KLV für den gesundheitlich gefährdeten Wilhelm Schulz nicht gerade günstig waren.

Während Schulz die reichsseitig angeordnete Umstellung der Lehrerbildung auf Lehrerbildungsanstalten (LBA) und damit das Ende der von ihm vehement unterstützten akademischen Lehrerbildung nicht verhindern konnte, war sein Kampf zur Verhinderung der Hauptschule erfolgreich,[162] wenn auch der Erfolg letztlich darauf zurückzuführen war, dass die „Aktion Hauptschule" schließlich von höchster Stelle abgeblasen wurde.[163] Von der Absicht einflussreicher Bildungsfunktionäre auf Reichsebene, auch in Hamburg im Anschluss an die vierjährige Grundschule und parallel zur dann einsetzenden Oberschule eine „Hauptschule" genannte Stufenschule für die Schülerjahrgänge 5 bis 8 einzuführen, hatte Schulz erstmalig am 25. November 1939 erfahren.[164] Die Umstellung hätte das „Aus" für den von Schulz favorisierten, 1926 eingeführten Oberbau der Volksschule bedeutet, der in einem vierjährigen Durchgang der Jahrgangsstufen 7 bis 10 zu einem mittleren Abschluss führte und seinen Absolventen die Chance eröffnete, danach das Reifezeugnis zu erwerben und ein Universitätsstudium zu beginnen. Der nationalsozialistische Bildungsfunktionär identifizierte sich also auch hier mit einem wichtigen reformpädagogischen Strukturelement und legte innerhalb von sechs Wochen als Abteilungsleiter der Staatsverwaltung dem für die Umstellung zuständigen Abteilungsleiter des REM einen detaillierten Argumentationskatalog vor.[165] In weitere Verhandlungen zu diesem Thema war Schulz allerdings nicht mehr einbezogen.

---

[162] Vor dieser Entscheidung hatte sich Schulz gegen seine Überzeugung schließlich der Parteiraison unterworfen, von Gustav Schmidt (2004, S. 63) unter dem Datum 29.11.1941 mit den Worten kommentiert: „Die Parteigenossen müssen oft gegen ihre bessere Einsicht blind gehorchen, müssen geistigen Sündenfall begehen. Beispiel: Stellungnahme des Landesschulrates zur Hauptschule nach der Denkschrift der Parteikanzlei." Am 16.5.1941 war durch Einfügung eines § 7 a in das Reichsschulpflichtgesetz die Verpflichtung geeigneter Kinder zum Besuch der Hauptschule verbindlich vorgeschrieben worden (StAHH, 362-10/1 Hilfsschule Carsten-Rehder-Straße, 1).

[163] Am 17.2.1943 wurden die Hoheitsträger der NSDAP vertraulich über einen Befehl der Parteikanzlei informiert, dass die Einführung der Hauptschule zurückzustellen sei. Die Hamburger Schulverwaltung unter der De-facto-Leitung Albert Henzes wusste hierüber eher Bescheid als das REM und holte sich daher die Bestätigung vom Leiter der Parteikanzlei, Hans-Heinrich Lammers (StAHH, 361-2 VI Oberschulbehörde VI, 3086 [zum Datum 17.4.1943]).

[164] StAHH, 361-2 VI Oberschulbehörde VI, 3086; StAHH, 361-7 Staatsverwaltung – Schul- und Hochschulabteilung, 4020-11 (zum Datum 2.1.1939).

3.8 Ende des Interims: das Auslaufen der Ära Schulz

An einer fünftägigen Besichtigungsreise der Führer des NSLB zu den Schlachtfeldern im Westen im Februar 1942 konnte Schulz aus Krankheitsgründen nicht teilnehmen.[166] Am 25. März 1942 war die Erkrankung des nunmehr 55-jährigen Landesschulrats bereits so weit fortgeschritten, dass er ins Eppendorfer Krankenhaus eingeliefert werden musste. Damit erreichte eine drei Jahrzehnte umfassende Krankengeschichte ihr Endstadium.[167] Eine Lungenerkrankung hatte 1912/1913 zu einem mehrmonatigen Kuraufenthalt in der Heilstätte Edmundstal/Harz geführt, nach der freiwilligen Meldung zum Landsturm im November 1915 war Schulz an einer schweren Grippe mit drohender Lungenentzündung erkrankt. 1919 und 1921 hatte er wegen Krankheit mehrfach seine Unterrichtstätigkeit aussetzen müssen. Im August 1934, 18 Monate nach dem Beginn seines erfolgreichen Kampfes um seine Machtpositionen in Staat und Partei, hatten seine Ärzte die Notwendigkeit eines erneuten Kuraufenthalts mit einer übermäßig starken Arbeitsbelastung und vielen Erregungen in den letzten zwei Jahren begründet. An eine Rückkehr Schulz' in den aktiven Dienst war nicht mehr zu denken. Schulz behielt jedoch bis zum Ende der Diktatur seinen Titel „Landesschulrat“, formal änderte sich also seit der „Auswanderung“ dieses Amtes aus der Schulverwaltung nichts. Seine Funktionen allerdings übertrug Reichsstatthalter Karl Kaufmann, dem Schulz seinen Aufstieg verdankt hatte, an Albert Henze.

Elf Monate nachdem Schulz *de facto* aus der Leitung der Schul- und Hochschulabteilung der Staatsverwaltung und als Führer des zehn Tage zuvor „stillgelegten“ NSLB ausgeschieden war[168] und fünf Monate nach Einsetzung Erwin Zindlers als kommissarischer NSLB-Führer zeichnete der

---

[165] StAHH, 361-7 Staatsverwaltung – Schul- und Hochschulabteilung, 4020-11 (zum Datum 16.1.1940): Die Aufstellung enthielt einen Leistungsvergleich zwischen Oberbau und grundständiger Mittelschule, eine geschichtliche Schilderung der Hamburger Regelungen seit 1870, Hinweise auf die anspruchsvollen Eingangsvoraussetzungen und die Zusatzqualifikationen der Lehrer. Es fehlte auch nicht der Hinweis auf das Erlernen einer zweiten Fremdsprache (Französisch, Spanisch) im Oberbau.

[166] StAHH, 221-11 Staatskommissar für die Entnazifizierung und Kategorisierung, E d 1161.

[167] Diese und folgende Angaben: StAHH, 361-6 Hochschulwesen – Dozenten- und Personalakten, I 376 Band 1 und Band 2.

Landesschulrat als Autor eines Artikels im Rahmen einer Serie, welche das nationalsozialistische *Hamburger Tageblatt* unter dem Slogan „Mit Kraft und Vertrauen in das elfte Jahr!" herausgab: „Lehrerschaft und Schule im Dienste des Volkes. Von Landesschulrat Wilhelm Schulz, Gauamtsleiter des Amtes für Erzieher und Gauwalter des NS.-Lehrerbundes".[169] Es muss offen bleiben, ob Schulz die hier vorgetragene Erfolgsbilanz vor seiner Erkrankung noch persönlich hatte zu Papier bringen können. Als Hamburger NSLB-Führer, lautete die Botschaft, habe er die Verpflichtung empfunden und sei ihr auch gerecht geworden, „die wertvollen Erfahrungen und Traditionen Hamburgs auf dem Gebiet des Schulwesens bei den nunmehr für alle schulpolitischen Fragen zuständigen Reichsstellen geltend zu machen und sich, wenn auch nach außen weniger sichtbar, mit Energie und Nachdruck für das Wohl und für den Hochstand unserer deutschen Schule einzusetzen". Schulz blieb seiner Linie auch darin treu, dass er „die eigentlich wirklich in die Tiefe greifende, aus den letzten Prinzipien nationalsozialistischer Weltanschauung zu gestaltende und in die auf allen Gebieten völkischen Lebens neu geschaffene Ordnung einzupassende nationalsozialistische Schule" für die Zeit nach dem siegreich abgeschlossenen Krieg in Aussicht stellte. Die müsse erst noch geschaffen werden. In der nicht näher informierten Öffentlichkeit konnte und sollte durch den Artikel im *Hamburger Tageblatt* vom 28. Februar 1943 der Eindruck der Kontinuität erweckt werden, so als ob Schulz noch im Amt sei. Offenkundig war das Bestreben der nationalsozialistischen Meinungsmacher, ein publizistisches Gegengewicht gegen die defätistische Stimmung aufzubauen, die sich nach der Katastrophe von Stalingrad auszubreiten drohte.[170] Von DAF bis BDM verkündeten daher die nationalsozialistischen Potentaten Hamburgs die von ihnen erreichten Erfolge seit 1933 und eröffneten einen optimistischen

[168] Seine letzte erkennbare Amtshandlung erfolgte am 25.3.1942 quasi in letzter Minute vor seinem krankheitsbedingten Abgang, als er Heinrich Backeberg mit der vorübergehenden Vertretung eines Schulaufsichtsbeamten im Volksschuldienst beauftragte (StAHH, 361-3 Schulwesen – Personalakten, A 2178).

[169] Hamburger Tageblatt vom 28.2.1943.

[170] So meldete das *Hamburger Tageblatt* am 3.2.1943 – dem gleichen Tag, an dem die Serie einsetzte – unter der Überschrift „Und ihr habt doch gesiegt!", die deutschen Soldaten hätten viele Wochen lang den Ansturm von sechs sowjetischen Armeen gebrochen. Damit hätten sie der deutschen Führung die Möglichkeit gegeben, „Gegenmaßnahmen" für die gesamte Ostfront zu organisieren.

Ausblick ins zweite Jahrzehnt, als könne man eine erfolgreiche Geschäftsbilanz in die Zukunft fortschreiben.

Am 7. Januar 1947 starb Wilhelm Schulz in seinem Heimatdorf im Kreis Lüchow.

4 Albert Henze – Erziehungsdiktatur durch Machtkonzentration

4.1 Ein weiterer Kaufmann-Protegé neben und nach Wilhelm Schulz

Die nominelle Vertretung des Vertreters für Schulz in der Leitung der Schulverwaltung trat „vorübergehend", das heißt für die nächsten 16 Monate, Senator Friedrich Ofterdinger an,[171] er nahm auch auf Anordnung des Reichsstatthalters vertretungsweise die Leitung der Staatsverwaltung, Abteilung Schulwesen, wahr. Die seit 1938 getrennten Positionen von Staatsverwaltung und Gemeindeverwaltung wurden also in einer Person wieder zusammengeführt. Die Arbeit der Schule stehe, so hieß es zur Begründung, „im Brennpunkt des politischen Lebens". Die Lehrer sollten alles versuchen, „um die Kritik der Öffentlichkeit an der Arbeitsweise der Schule zum Verstummen zu bringen".

Tatsächlicher Machthaber in der Behörde wurde der auch zuvor schon einflussreiche Kaufmann-Protegé und bisherige Leiter der Gauführerschule der NSDAP Albert Henze, der zum Zeitpunkt seiner Ernennung noch Kriegsdienst leistete und nunmehr auf Veranlassung Karl Witts für seine Aufgaben in der Schulverwaltung freigestellt wurde. In seiner Person wurden für 22 Monate unter Umgehung der bisher geltenden Strukturen und Formalien die wichtigsten Kompetenzen der Schulverwaltung gebündelt, nachdem Henze in einer Blitzkarriere zum Schulaufsichtsbeamten aufge-

---

[171] StAHH, 361-2 VI Oberschulbehörde VI, 643 (zum Datum 25.3.1942): Der Reichsstatthalter beauftragte „für die Dauer der Erkrankung von Herrn Landesschulrat" Schulz Senator Friedrich Ofterdinger „mit der Wahrnehmung der Geschäfte des Beigeordneten für die Schulverwaltung und des Leiters der Abteilung 4 der Staatsverwaltung". Zu Friedrich Ofterdinger (1896–1946) siehe Uwe Lohalm: An der inneren Front. Fürsorge für die Soldatenfamilie und „rassenhygienische" Krankenpolitik, in: Hamburg im „Dritten Reich", hg. von der Forschungsstelle für Zeitgeschichte in Hamburg, Göttingen 2005, S. 445–467, hier S. 463. Parteimitglied seit 1929, war der Mediziner Ofterdinger als Senator und Behördenchef nacheinander zuständig für die Hochschulen und die Gesundheits- und Fürsorgebehörde. 1943 wurde er zum Generalkommissar für das Gesundheitswesen in Hamburg mit erheblich erweiterten Weisungsbefugnissen ernannt.

stiegen war.[172] Tempo und Umstände seiner Ernennung und der Umfang der ihm übertragenen Kompetenzen signalisieren, wie wichtig es für Kaufmann gewesen sein muss, gerade diesen bedingungslos nationalsozialistisch-loyalen, gehorsamen und zugleich zielbewusst seine Karriere verfolgenden und daher bedenkenlos machtbewussten Gefolgsmann in der Schulverwaltung zu verankern.[173] Henze hatte keinerlei ethische Hemmungen, die von „oben" kommenden Anordnungen umzusetzen. Sieben Monate bevor Henze den Staatsdienst wieder verließ, um in den Parteidienst überzuwechseln, sorgte der Reichsstatthalter für seine Ernennung zum Senatsdirektor in der Schulverwaltung.[174]

4.2 Henzes Karriereleiter

Der seminaristisch ausgebildete Pädagoge Albert Henze hatte vor 1933 über ein Jahrzehnt an einer Hamburger Privatschule gearbeitet,[175] bevor er seine Prüfungen für das höhere Lehramt ablegte. Als NSDAP-Mitglied seit 1. Oktober 1932[176] war sein kommender Weg quasi vorgezeichnet: Henze wurde am 1. Oktober 1933 mit voller Stundenzahl als Lehrer an die Gauführerschule der NSDAP abgeordnet, jedoch als Bediensteter der Schulverwaltung geführt und schneller als andere bereits nach dreieinhalb Monaten

---

[172] Den Schulleitern der Oberschulen durch Karl Witt angekündigt wurde er schon am 12.9.1940 (StAHH, 362-2/36 Gymnasium Klosterschule, 260), beauftragt mit der kommissarischen Wahrnehmung der Dienstgeschäfte eines Oberschulrats für das höhere Schulwesen wurde er am 1.10.1940 (StAHH, 131-15 Senatskanzlei – Personalakten, C 621). Die Beförderung zum Oberschulrat erfolgte am 1.1.1941 (StAHH, 361-7 Staatsverwaltung – Schul- und Hochschulabteilung, 4011-00).

[173] In seinem „Rückblick und Ausblick" aus dem Jahre 1975 (Landesarchiv Schleswig-Holstein, Abt. 811 Nr. 43195) stellte Henze hierzu fest, der Reichsstatthalter habe ihm über die Tätigkeit als Schulaufsichtsbeamter hinaus „auch die Aufgaben des zur Wehrmacht eingezogenen Schulsenators" übertragen.

[174] Landesarchiv Schleswig-Holstein, Abt. 811 Nr. 41849 (zum Datum 1.1.1943).

[175] Landesarchiv Schleswig-Holstein, Abt. 811 Nr. 43195: Als Lehrer an der höheren Knabenschule J. Borbis arbeitete Henze, wie es heißt, mit über zehn anderen, nachgezogenen Absolventen des Einbecker Lehrerseminars so erfolgreich, dass die Schule von 80 auf über 400 Schüler angewachsen sei.

[176] Bundesarchiv Berlin, BDC PK, E 148. Henze erhielt die Mitgliedsnummer 1345700.

zum Studienrat und Beamten auf Lebenszeit ernannt. Diese Ernennung erfolgte etwa zeitgleich mit seiner Bestellung zum stellvertretenden Leiter der Gauführerschule im Februar 1934. In einem „Rückblick und Ausblick“[177] behauptete Henze 1975 hierzu, die Machtübernahme durch die Nationalsozialisten 1933 habe nicht nur sein ganzes Leben im Hinblick auf seine berufliche Tätigkeit verändert, sondern ihn darüber hinaus gegen seinen Willen durch die Berufung in die Gauführerschule „in die politische Gebundenheit“ gebracht – eine Formulierung, die das eigene Interesse und Zutun am persönlichen Aufstieg innerhalb des NS-Regimes verschleiern sollte. Henze legte daher größten Wert auf die Feststellung, dass er weiterhin als Bediensteter der Hamburger Schulverwaltung geführt und zum Dienst in den Institutionen der NSDAP nur abgeordnet worden sei. Der Topos, er habe alle seine Ämter nur gezwungenermaßen auf Anweisung von höherer Stelle angetreten, durchzieht alle Äußerungen, die Henze später über seinen beruflichen und politischen Aufstieg getan hat. Diese Lebenslüge diente ihm als Instrument der Verdrängung und erleichterte es ihm, sich nach dem Scheitern seines nationalsozialistischen Lebensabschnittes eine zweite Identität zuzulegen.

4.3 Leiter der Gauführerschule als Zentrum der ideologischen Indoktrination

Am 1. April 1937 wurde Albert Henze zum Nachfolger von Wilhelm Gundlach als Leiter der Gauführerschule ernannt und zur Wahrnehmung dieser Aufgabe weiterhin vom Schuldienst langfristig beurlaubt.[178] Die Gauführerschule, auch Gauamtswalterschule genannt, war am 5. Oktober 1933 im Gebäude der früheren Realschule Eilbek, Ritterstraße 44, durch Gauleiter Karl Kaufmann und seinen Stellvertreter Harry Henningsen eingeweiht worden.[179] Sie war auch Sitz des Parteiarchivs der Hamburger NSDAP. Als eine „Einrichtung zur Heranbildung der politischen Führerschaft der Nation“ war die Gauführerschule der Schulverwaltung angeschlossen, ihre beiden

[177] Landesarchiv Schleswig-Holstein, Abt. 811 Nr. 43195.

[178] Alle Angaben nach: StAHH, 131-15 Senatskanzlei – Personalakten, C 621.

[179] Hamburger Tageblatt vom 6.10. und 24.10.1933.

Spitzenpositionen wurden daher im Personalsachgebiet der Schulverwaltung geführt und deren Inhaber über die Schulverwaltung besoldet. Zum Zeitpunkt seiner Bestellung zum Leiter dieser nationalsozialistischen Einrichtung, verbunden mit der Ernennung zum Studienrat und der Gewährung einer amtsbezogenen Stellenzulage, war Wilhelm Gundlach schon 54 Jahre alt.[180] Er hatte seit 1903 zunächst als Volksschullehrer gearbeitet, von 1920 bis 1923 die Hamburger Polizeischule geleitet und erst 1925 und 1927 die Prüfungen für das höhere Lehramt absolviert. Dem Hamburger NSLB war er 1931, der NSDAP am 1. März 1933 beigetreten. Sein „freiwilliger Rücktritt" nach nur drei Jahren erfolgte auf massiven Druck Karl Kaufmanns, der, wie es scheint, diese Führungsposition langfristig für Gundlachs Stellvertreter, den 22 Jahre jüngeren Albert Henze, vorgesehen hatte. Henze, wesentlich enger als Gundlach in den Parteiapparat und die Führungsgruppe um Kaufmann eingebunden, erweiterte und intensivierte die ideologische Arbeit der Gauführerschule und entsprach damit den Zielen und Absichten seines Protektors.

Das Programm der Gauführerschule umfasste Lehrveranstaltungen, nationalsozialistische Feiern und Lagerschulungen. Die Vorträge wurden ehrenamtlich von Amtswaltern der Hamburger NSDAP gehalten. Auf diese Weise sollte eine enge Verzahnung von Gauführerschule und Partei gewährleistet werden.[181] Über den Kreis der nationalsozialistischen Amtswalter hinaus erhielten Multiplikatoren der Betriebe und des Reichsarbeitsdienstes hier ihre ideologische Schulung.[182] Als „Soldaten und Prediger"

---

[180] Über Wilhelm Gundlach: StAHH, 361-3 Schulwesen – Personalakten, A 1037; StAHH, 221-11 Staatskommissar für die Entnazifizierung und Kategorisierung, E d 11072.

[181] Hamburger Tageblatt vom 6.10. und 24.10.1933.

[182] Im September und Dezember 1934 wurden jeweils 60 bis 70 Betriebsführer und Vertrauensleute der Reichsbetriebsgemeinschaft Druck hier geschult. Gauschulungsleiter Wilhelm Gundlach appellierte an die Kursusteilnehmer: „Geht hinaus in eure Betriebe und zeigt, was Nationalsozialismus heißt." Unternehmer und Arbeitnehmer hätten die Aufgabe, die bei ihnen Tätigen zu einer „Betriebsgemeinschaft" zusammenzuschweißen und echte Kameradschaft zu pflegen. An die Kursusteilnehmer erging der Appell, in ihren Betrieben Vorbild zu sein (Hamburger Tageblatt vom 18.11. und 23.12.1934). An der Weihnachtsfeier der Amtswalter der Gauführerschule mit Gauleiter Karl Kaufmann nahmen im Dezember 1933 auch 50 20-Jährige „der blauen Jungen vom hamburgischen Arbeitsdienst" teil. Es sollte in ihnen, „die zumeist aus deutscher Gefühlswelt entfremdeten Schichten stammen", der Sinn für eine Weihnachtsfeier geweckt werden, „die ihnen neu sein muss oder gar im Gegensatz zur seelischen Armut ihrer früheren Erziehung steht". Die Feier sollte ihre „Glaubenskraft an den deutschen Sozialismus" stärken (Hamburger Tageblatt vom 27.12.1933).

des Nationalsozialismus sollten sie so an ihrer Aufgabe wachsen, „wirklicher politischer Leiter zu sein". An den Wänden des Archivraums wurde „Agitationsmaterial der Feinde" vorgeführt, zum Beispiel Darstellungen und Bilder von SPD und KPD – vermutlich Ausschnitte aus Zeitungen und anderen Publikationen – sowie Ausgaben der Presseorgane *Rote Fahne* und *Hamburger Echo*.[183] Zu jedem Kursus der Gauführerschule entsandte der NSLB 10 bis 15 Lehrer als Teilnehmer.[184] Drei weitere Gauführerschulen wurden in Lütjensee, Rissen und Barsbüttel eingerichtet.[185] In seiner „Weiherede" zur Inbetriebnahme der neuen Gauführerschule Barsbüttel am 1. Mai 1937 betonte Albert Henze, hier würden „hunderte, tausende von Männern mit jenem Wissen ausgestattet, das ihnen die wahrhaft kämpferische Kraft verleiht". Henze organisierte auch eine enge Zusammenarbeit zwischen Gauführerschule, DAF und HJ.[186]

Vom Datum seiner Ernennung zum Leiter der Gauführerschule an zunächst bis zu seiner Einberufung am 5. Dezember 1939 amtierte Henze fast drei volle Jahre als aus dem Schulbereich abgeordneter, in seinem Amte voll verantwortlicher Gauschulungsleiter, und in dieser Funktion liefen alle Materialien des in München residierenden Hauptschulungsamtes durch seine Hände und wurden von ihm in die Alltagsarbeit seines Instituts eingeführt.[187] Bei Henzes Persönlichkeitsstruktur, in der Befehle von oben eine autonome Steuerung der Persönlichkeit ersetzten, und angesichts seiner

---

[183] Hamburger Tageblatt vom 5.1.1934.

[184] Bundesarchiv Berlin, NS 12/913.

[185] Hamburger Tageblatt vom 15.6. und 11.8.1934 sowie vom 30.4.1937. Die Volksdorfer Gauführerschule in der Westenholzvilla am Sorenremen bestand nur vorübergehend von 1934 bis 1935 (Information von Herrn Heinz Waldschlägel, der mit Adolf Schenk, dem Sohn des Hausmeisters, in eine Klasse ging, am 5.12.2007) und wurde dann nach Lütjensee verlegt. Sie stand unter der Leitung des früheren NSLB-Vorsitzenden Hinrich von der Lieth und umfasste zusätzlich zur Burg Seebergen auch das frühere Genesungsheim der AOK in Trittau (Hamburger Tageblatt vom 10.4.1935). Bereits am 14.7.1934 gab von der Lieth auf der Personalkarte des Reichsschulungsamtes seine Funktion als Leiter der Gauführerschule II in Lütjensee an (Bundesarchiv Berlin, NS 12/1024), wurde also offenbar unter dieser Bezeichnung schon vorbereitend eingesetzt.

[186] So fand, allerdings schon nach Henzes Einberufung zum Kriegsdienst, am 17.9.1940 die erste Gemeinschaftstagung der Berufswalter der NSDAP in der Gauführerschule Ritterstraße statt. Sie stand unter der vom DAF-Amt für Berufserziehung und Betriebsführung ausgegebenen Parole „Leistungssteigerung", wobei DAF und HJ eng zusammenarbeiteten, besonders im Berufswettkampf (Gaunachrichten, Ausgabe Kreis 5, 6. Jg., Nr. 136, 1. Oktoberausgabe 1940, S. 3).

Eingebundenheit in den Apparat des Reichsschulungsamtes[188] ist mit Sicherheit anzunehmen, dass er die von höherer Stelle an ihn ergangenen Anweisungen so, wie er sie erhielt, in der Schulungsarbeit umsetzte. Für das nicht mehr erhaltene Archiv der Gauführerschule, die als Brennpunkt der ideologischen Indoktrinierung der Hamburger abhängig Beschäftigten anzusehen ist, sind die Materialien der übergeordneten Reichsführerschule eine wichtige sekundäre Überlieferung.[189] Henze erhielt in seiner Funktion als Gauschulungsleiter die Schulungsbriefe des Hauptschulungsamtes und hatte sie in Schulungsmaßnahmen umzusetzen. Von April bis Juni 1939 setzte die Schulungszentrale folgende Vorgaben:[190] Kernfragen des Nationalsozialismus wie Volk und Rasse, nationalsozialistische Erbpflege, in der Weltgeschichte überlieferte Judenausweisungen, Erhaltung der „von Gott gegebenen blutgebundenen Art des deutschen Volkes", Totalitätsanspruch des Nationalsozialismus, Bekämpfung der Gegner wie „Reaktion", Liberalismus, Kapitalismus, Marxismus, Freimaurer, Juden, Katholische Aktion, „Bekenntnisfront", „Sektierer", „Bibelforscher" usw.[191] Eine enge Zusam-

---

[187] In einer Aufstellung des Reichsschulungsamtes über die bei der Verteilung des *Schulungsbriefes* und des *Ostmarkbriefes* (Auflage insgesamt 4,7 Millionen Exemplare) von Januar bis März 1939 erreichten Haushalte rangiert Hamburg in Grobeinteilung mit 14 bis 16 Prozent an 27., 29. und 29. Stelle, bei detaillierter Aufstellung nach Ortschaften mit 18,5 Prozent sogar erst an 344. bis 350. Stelle (Bundesarchiv Berlin, NS 22/871).

[188] Nach den im Bundesarchiv aufbewahrten Akten des Reichsschulungsamtes (NS 22) war das in Berlin angesiedelte Reichsschulungsamt dem von München aus agierenden Hauptschulungsamt zwar formal übergeordnet, tatsächlich gingen aber alle Initiativen vom Hauptschulungsamt aus.

[189] Bundesarchiv Berlin, NS 22. Henzes Gauschulungsamt versandte 200.000 Lehrgangsteilnehmerbögen, in denen zur Teilnahme an Schulungsveranstaltungen aufgefordert wurde. Von den zehn Hamburger NSDAP-Kreisen reichten bis Januar 1939 vier Kreise die Lehrgangsteilnehmerbögen nahezu vollständig zurück. Für das Zögern der anderen gab es Gründe: Mehrere Großbetriebe hatten erklärt, „dass sie infolge der überaus starken Beschäftigung für die Rüstungsindustrie und infolge zahlreicher Einberufungen zur Wehrmacht nicht in der Lage seien, Urlaub für Schulungszwecke zu gewähren" (Gesamtbericht des Reichsorganisationsleiters über die Gauschulungsämter, November 1938; Bundesarchiv Berlin, NS 22/871).

[190] Bundesarchiv Berlin, NS 22/871 und NS 22/28.

[191] Der Schulungsbrief des Hauptschulungsamtes Nr. 4/1939 vom 20.4.1939 (Bundesarchiv Berlin, NS 22/871) konzentrierte sich gezielt auf Themen und Fragen, „die nach des Führers eigenem Bekenntnis Kernfragen des Nationalsozialismus sind", und stellte sich anlässlich des Datums (Hitlers 50. Geburtstag) unter das Führerwort: „Zum ersten Male, vielleicht seit es eine

menarbeit ihrer Schulungsämter vereinbarten am 10. November 1938 das Hauptschulungsamt der NSDAP, die Henzes Gauschulungsamt übergeordnete Dienststelle, und der Reinhard Heydrich unterstehende Sicherheitsdienst des Reichsführers SS. Sie sollte der „erfolgreichen Durchführung der Schulungsarbeit der NSDAP auf dem Gebiete der Bekämpfung politischer und weltanschaulicher Gegner" dienen und den Erfahrungsaustausch über die Bekämpfung politischer und ideologischer Gegner intensivieren. „Ausarbeitungen" des Sicherheitshauptamtes „in Form von Leitheften über alle Grundzüge politischer und weltanschaulicher gegnerischer Strömungen und deren Bekämpfung" gingen an die nachgeordneten Dienststellen (Gauschulungsleiter). In umgekehrter Richtung wurde der Sicherheitsdienst des Reichsführers SS über alle in den Berichten der Basis erwähnten Vorfälle informiert.[192]

Albert Henze war damit einer der bestinformierten nationalsozialistischen Funktionäre. Anzunehmen ist, dass er vom 19. bis 27. März 1939 an der reichsweit angelegten Tagung des Hauptschulungsamts für die Kreisleiter und Gauamtsleiter in Sonthofen teilgenommen hat. Die Einladung erfolgte im Namen des Reichsorganisationsleiters Robert Ley. Die hochkarätige Referentenliste umfasste Heinrich Himmler, Walter von Brauchitsch, Alfred Rosenberg und als Höhepunkt am Schlusstag den „Führer".[193] In den wenigen Jahren seiner pro forma nebenamtlichen, *de facto* aber hauptamtlichen Tätigkeit für die NSDAP lernte Henze somit auf hamburgischer Ebene und im Reichsrahmen eine ganze Reihe prominenter Nationalsozialisten kennen und wurde Teil eines in sich verwobenen Netzwerkes. Danach absolvierte der aufsteigende Nationalsozialist ein minimales militärisches Interim.

Menschengeschichte gibt, ist in diesem Lande die Erkenntnis dahin gelenkt worden, dass von allen Aufgaben, die uns gestellt sind, die erhabenste und damit für den Menschen heiligste die Erhaltung der von Gott gegebenen blutgebundenen Art ist" (im Original unterstrichen).

[192] Bundesarchiv Berlin, NS 22/897.

[193] Die Teilnehmer wurden geschlossen nach Gauen untergebracht. Für die Abschlussveranstaltung mit Adolf Hitler war der Festdienstanzug vorgeschrieben (Bundesarchiv Berlin, NS 22/871).

4.4 Militärisches Intermezzo und Rückkehr nach Hamburg

Seinen insgesamt nur acht Monate umfassenden Kriegsdienst hat Henze in seinem „Rückblick und Ausblick" vier Jahrzehnte später vergoldet:[194] Er habe durch seine freiwillige Meldung zum Militärdienst versucht, „durch die Tat zu beweisen, was man jahrelang als Lehrer und Erzieher gefordert hatte", und den Gauleiter auf die besonderen Verpflichtungen seines Amtes als Gauschulungsleiter und dessen Vorbildfunktion hingewiesen. Kaufmann habe ihn seines Alters wegen zunächst „nicht für die ihm vom Führer gewährte Sonderausbildung seines politischen Leiterkorps zulassen" wollen,[195] er habe dann aber im letzten von drei Durchgängen seine Teilnahme durchsetzen können.

Auch die zweite Militärzeit erfolgte nach eigenen Angaben auf Henzes eigene Initiative. Nach zweimonatigem Kriegsdienst wurde Henze am 10. Februar 1940 zum Gefreiten befördert[196] und erreichte damit den gleichen Dienstgrad wie im Ersten Weltkrieg sein Führer. Wäre es, so behauptete Henze 35 Jahre später, nach seinem eigenen Willen gegangen, wäre er als „Bildungsoffizier für politische und geschichtliche Schulungsvorträge" eingesetzt worden. Doch dann habe Kaufmann ihn von der Luftlandetruppe in Belgien zurückberufen und ihn u. k. gestellt, damit er die inzwischen erfolgte Berufung als Oberschulrat für das Höhere Schulwesen wahrnehmen konnte. Seine plötzliche Rückberufung nach Hamburg habe er nicht verhindern können. So habe er dort als Oberschulrat Dienst tun müssen.

Der Gefreite Albert Henze des Jahres 1940 sah jedoch in der an ihn ergangenen Berufung weit mehr als einen lästigen Zwang. Noch „im Felde" schrieb er:

---

[194] Landesarchiv Schleswig-Holstein, Abt. 811 Nr. 43195. Der Kriegsdienst dauerte vom 5.12.1939 bis 10.2.1940 und vom 5.8.1940 bis 28.2.1941. Henze diente zunächst als Soldat in einer „Sonderkompagnie" in Hamburg-Wandsbek und danach als Soldat einer Luftlandeeinheit im Kampf gegen England in Belgien.

[195] Durch diese erstmalige und einmalig gebliebene Sondergenehmigung habe Kaufmann erreichen wollen, dass alle politischen Leiter in höheren Führungspositionen in einem rollierenden Verfahren (jeweils ein Drittel) zum Fronteinsatz gebracht wurden.

[196] Landesarchiv Schleswig-Holstein, Abt. 811 Nr. 41849.

„Ich weiß, dass mir mit dem neuen Amt neue Verpflichtungen und neue Verantwortung übertragen werden, die nicht leicht sind. Aber ich weiß auch, dass ich auch an dieser Stelle weiter wie bisher dem Führer und der nationalsozialistischen Idee mit einem heißen Herzen und einem unerschütterlichen Glauben an den Endsieg unserer Revolution dienen kann."[197]

4.5 Berufung in die Schulverwaltung: politischer Beamter und „Durchführer"

Am 1. Oktober 1940 trat Henze sein neues Amt in der Schulverwaltung an. Er wurde beauftragt mit der kommissarischen Wahrnehmung der Dienstgeschäfte eines Oberschulrats für das höhere Schulwesen und hielt auch sofort seine erste Dienstbesprechung ab.[198] Thema war die Situation der Jugendlichen im dritten Kriegsjahr. Für den Bereich, den er fortan regieren sollte, brachte Henze allerdings kaum eigene Basiserfahrungen mit, und so verstand er sich vermutlich im Sinne seines Protektors auch in der neuen Funktion in erster Linie als politischer Beamter und „Durchführer". Sein bisheriges Amt, die nebenamtliche Leitung der Gauführerschule, behielt Henze nach seinem Amtsantritt bei der Schulverwaltung bei.

Henze unterschied sich von seinen beiden „Vorgängern" Karl Witt und Wilhelm Schulz durch sein fast ausschließlich ideologisch geprägtes Selbstverständnis als bedingungsloses und rücksichtsloses Machtinstrument der Diktatur. 1936 aus der Kirche ausgetreten,[199] umgab er wie andere einflussreiche Nationalsozialisten den Diktator, dem er alles verdankte und mit dessen Person er sich identifizierte, mit einer gottgleichen Glorie: „Das Schicksal hat uns ausersehen, mit dem größten Sohn unseres Volkes, dem genialsten Führer, Träger der Idee zu bleiben, die im Nationalsozialismus unsere tiefste religiöse Verankerung, unser Gotterleben, erkennt: [...] Der uns ruft, ist der, den Gott uns sandte." Der tiefe Sinn und die Bedeutung

[197] StAHH, 131-15 Senatskanzlei – Personalakten, C 621 (zum Datum 25.9.1940 an den Präsidenten der Schulverwaltung, Karl Witt).

[198] Alle Angaben, auch die folgenden, nach: StAHH, 131-15 Senatskanzlei – Personalakten, C 621.

[199] Ebd.

dieses Krieges sei der Kampf um das Reich, die zweitausendjährige Sehnsucht des deutschen Volkes.[200]

Ganz Antisemit wie sein Führer, wies Henze die ihm unterstellten Lehrerinnen und Lehrer an, jüdische Sprichworte und Redensarten zu sammeln, „in denen nichtjüdische Völker die Niedertracht des Juden gekennzeichnet haben".[201] Henze erwies sich auch hier als williger Gefolgsmann, dieses Mal der mit dem Hauptschulungsamt verbundenen ideologischen Leitzentrale Alfred Rosenbergs, des „Beauftragten des Führers für die Überwachung der gesamten geistigen und weltanschaulichen Schulung und Erziehung der NSDAP".[202] Am 5. und 7. Juli 1941 hatte Rosenberg die Parolen vorgegeben, nach denen im dritten Kriegsjahr gewertet und geschult werden sollte: „Dieser Krieg ist ein weltanschaulicher Krieg" und „Deutschland ordnet Europa neu". Diese Leitlinien wurden vom Hauptschulungsamt unter der Regie von Reichsorganisationsleiter Robert Ley zu „Richtlinien des Hauptschulungsamtes der NSDAP für die Schulung im Kriege" verdichtet:[203] Die Schulung der Gauschulungsämter wurde jetzt „grundsätzlich auf die Kriegsverhältnisse und auf den Sieg abgestellt", wobei in der gegenwärtigen Situation vor allem der Umgang mit Menschen wichtig sei. Nach wie vor seien Rassenfragen, erbbiologische und geschichtliche Themen sowie die Auseinandersetzung mit dem politischen Konfessionalismus wichtig. Insbesondere sei die „Judenfrage" wieder „eindringlich zu behandeln", und zwar weniger wissenschaftlich ausgerichtet: Für die politischen Leiter komme es

> „darauf an, […] den Juden so zu zeigen, wie er ist. Beispiele stehen ja in übergroßer Zahl zur Verfügung und sind auch aus den mit den Juden im eigenen Volk gemachten Erfahrungen noch im Bewusstsein des Volkes lebendig. Hier muss wieder aufgefrischt werden. Der Jude in der Sowjetunion, in England und der Umgebung Roosevelts ist als Treiber in diesem Krieg herauszuarbeiten. Er muss als der schließli-

---

[200] Gaunachrichten, Ausgabe Kreis 2, 7. Jg., Nr. 148, 1. Aprilausgabe 1941, S. 1 (zu den Frauenschaftsleiterinnen des Kreises 2 [Rotherbaum, Grindel] im März 1941).

[201] StAHH, 361-2 VI Oberschulbehörde VI, 642; StAHH, 362-2/36 Gymnasium Klosterschule, 312 (zum Datum 3.9.1941). Die Lehrer hatten die Kenntnisnahme mit ihrem Kürzel abzuzeichnen.

[202] Bundesarchiv Berlin, NS 22/879.

[203] Ebd. (zum Datum 6.2.1942).

che und entscheidende Gegner erkannt werden, auf den sich der Vernichtungswille unseres Volkes zu konzentrieren hat. Damit müssen zugleich jene hier und da noch anzutreffenden Begriffe über Juden als ‚Auch-Menschen' beseitigt werden."

Der jetzige Krieg biete die Gelegenheit, mit diesen letzten Resten einer vollkommen falschen Mentalität Schluss zu machen. Je mehr es der Schulung gelinge, den Hass gegen die Juden zu wecken, „um so mehr werde sie den Konfessionen Boden entziehen, ohne dass diese Zusammenhänge in der Schulung jetzt äußerlich in Erscheinung treten".

Wir können aus diesen Vorgaben darauf schließen, wie Henze den zu einem Lehrgang „einberufenen" Teilnehmern eines Schulleiterlehrgangs[204] die „Wertwelt des Nationalsozialismus" vermittelte, die auch seine eigene war. Überschattet wurde diese Zusammenkunft im November 1942 von der hereinbrechenden, durch seinen Führer herbeigeführten Katastrophe von Stalingrad. Henze, ganz Durchhalte-Agitator, wies die Schulen an, den Schülern das „gigantische Ringen unserer Tage [...] als *den* Schicksalskampf des deutschen Volkes jeden Tag von neuem nahe zu bringen". Ein- bis zweimal monatlich sei vor der geschlossenen Schülerschaft in Form eines Appells eine politische Gesamtschau zu geben.[205] Der „Totalitätsanspruch der Partei und des Staates [muss] auch auf dem Gebiete der Erziehung und der Bildung verwirklicht werden".[206]

Einblicke in Henzes Umgang mit Untergebenen seiner Behörde verdanken wir dem von den pädagogischen Traditionen der vornationalsozialistischen Zeit geprägten Schulrat Gustav Schmidt, der ihn als machtbesessenen und ungeistigen Behördendiktator erlebt hat.[207] Henze provozierte Denunziationen, horchte Lehrer, die dem Schulrat unterstellt waren, über ihren Vorgesetzten aus, bat gleichzeitig um Offenheit und attackierte die Lehrer, wenn er vor ihnen sprach, „laut, polternd, schreiend, drohend". Da Schmidt sich weigerte, der NSDAP beizutreten, da er, wie Henze in Erfahrung gebracht hatte, bei den Haussammlungen für das Winterhilfswerk wenig Geld gab, da

---

[204] StAHH, 362-2/5 Emilie-Wüstenfeld-Schule, Personalakte Hans Lüthje (zum Datum 12.11.1942).

[205] StAHH, 362-10/1 Hilfsschule Carsten-Rehder-Straße, 13; StAHH, 361-2 VI Oberschulbehörde VI, 787 (zum Datum 1.2.1943).

[206] StAHH, 361-2 VI Oberschulbehörde VI, 421 (zum Datum 6.4.1943).

[207] Gustav Schmidt (2004). Henze wird erwähnt auf S. 44, 56–57 und 60–72.

er überdies eine Karte für eine Veranstaltung mit Reichsminister Joseph Goebbels bei dessen Hamburg-Besuch zurückgegeben hatte, betrieb Henze die „Entfernung" des Schulrats aus der Behörde, nicht ohne ihn vorher wissen zu lassen, der Reichsstatthalter sei über sein Verhalten äußerst ungehalten.

4.6 Albert Henze als ideologischer Disziplinator

Weitaus intensiver, enger und zugleich weiträumiger als Wilhelm Schulz war Henze in die polykratischen Strukturen des nationalsozialistischen Machtapparates eingebunden und bediente sich dessen Instrumentariums. Seine Nähe zur Hitler-Jugend war noch enger als die des Landesschulrats. Henzes Anweisungen zur Aufrechterhaltung von Disziplin und Ordnung in der Schule sahen vor, den bewährtesten HJ-Führer einer Schule als Schulführer einzusetzen und ihm die Verantwortung „für die Haltung und Disziplin der Jugend der Schule" zu übertragen, indem alle Organisierten und Nichtorganisierten seinen Anordnungen zu folgen hatten. Einer der betroffenen Schulleiter hatte die Courage zu widersprechen: Die Beauftragung eines Schülers mit den genannten disziplinarischen Aufgaben sei unverantwortlich, denn Schüler könnten eine solche Aufgabe gar nicht leisten. Schüler seien immer zu Erziehende, auch die Primaner. Henze, dem diese Stellungnahme vorgelegt wurde, gab durch rote Randglossen zu erkennen, dass sein Rundschreiben undurchdacht gewesen war: „Daran ist gar nicht gedacht worden. […] Verantwortlich bleibt selbstverständlich stets der Schulleiter."[208]

Während Karl Witt in seinen späteren Jahren wenigstens, wenn auch ohne Erfolg, versucht hatte, den Einfluss der HJ auf die Schule einzudämmen, räumte Henze der HJ über die ihm unterstellte HJ-Schuldienststelle die Befugnis ein, bei allen Prüfungen und Ausleseverfahren beratend mitzuwirken, um dadurch zu erreichen, dass die „außerschulische politische Einsatzbereitschaft der Prüflinge" angemessen berücksichtigt werde. Dies schloss insbesondere die „obligatorische Pflicht" der Lehrer und Lehrerinnen ein, Dienstleistungszeugnisse der HJ bei der Beurteilung von Schülern und Schülerinnen im Hinblick auf Versetzungen und Prüfungen einzubeziehen.[209]

---

[208] StAHH, 361-2 VI Oberschulbehörde VI, 1530 (zu den Daten 28.5., 18.6. und 24.6.1941).

[209] Ebd. (zum Datum 19.6.1943).

Generell wurden die Schulleiter demnach angewiesen, die Ansprüche der HJ und des BDM zu berücksichtigen.[210] Dieses ist so zu interpretieren, dass im Zweifelsfall das Engagement für die HJ stärker zählte als schulische Leistungen. In der Praxis des regulären Berufsschulunterrichts bewährte sich die von Henze angeordnete Mitwirkung der HJ bei der Zensurengebung nicht und wurde wegen mangelnder Distanz der mitwirkenden HJ-Funktionäre zu den von ihnen zu Beurteilenden von den Lehrern heftig kritisiert:

> „Unangenehm hat sich die Anordnung über die Zustimmung der HJ zur Erteilung der Gutnote in der Reichskunde[211] ausgewirkt. Die Lehrlinge bilden eine Werkgemeinschaft. Der Gefolgschaftsführer [der HJ] ist ebenfalls Lehrling. Er hat infolgedessen für viele seiner Kameraden die Unbedenklichkeitserklärung abzugeben, d. i. ein Zustand, der einer Änderung bedarf."[212]

Henze wollte auch die große Mehrheit der Jugendlichen, die über Volksschule, Lehre und Berufsschule in das Berufsleben gelangten, besser erfassen und für das Regime disziplinieren. Trotz der Kriegsverhältnisse war zum Beispiel die Nachfrage nach Kursen des staatlichen freiwilligen berufsbildenden Abendschulwesens nur unerheblich zurückgegangen. Nachgefragt wurden insbesondere chemotechnische und technische Abendlehrgänge und Vorbereitungskurse für die Prüfungen. Auf Anordnung von Henze war das oberste Zulassungskriterium der Bewerber für diese Kurse ihr Einsatz für HJ, SA und andere nationalsozialistische Organisationen, während das Zeugnis der bisher besuchten Gewerbeschule und das dort erreichte Prüfungsergebnis

---

210 Ebd. (zu den Daten 4.7. und 14.7.1941). Gegen Übergriffe der HJ, hieß es phrasenhaft, würden die Schuldienststelle und die Gebietsführung „energisch einschreiten".

211 Am 20.5.1943 gab Henze durch Abzeichnung seine Zustimmung zu den Vorschlägen, die der amtierende Leiter der Gewerbeschule VI zur Sicherung einer „einwandfreien" nationalsozialistischen Haltung der Absolventen und Gasthörer gemacht hatte: Einholung eines politischen Gutachtens der zuständigen Parteidienststelle, „Betreuung" durch einen bewährten Parteigenossen als Schulobmann, Beurteilung der politischen Haltung im Fach Reichskunde (StAHH, 361-2 VI Oberschulbehörde VI, 1530).

212 StAHH, 361-2 VI Oberschulbehörde VI, 1763 (zum Datum 10.9.1941): Jahresbericht der Gewerbeschule IX – der Berufsschule für Metallflugzeugschlosser-, Autoschlosser-, Fahrradschlosser-, Karosseriebauer-, Vulkaniseur-, Schmiede- und Stellmacherlehrlinge, später vor allem Kraftfahrzeugtechnik – für das Schuljahr 1940/1941.

nachrangig gewichtet wurden.[213] Damit die „einwandfreie" nationalsozialistische Haltung der Absolventen und Gasthörer auch nach der Zulassung gesichert war, wurde über jeden Bewerber ein politisches Gutachten der zuständigen Parteidienststelle der NSDAP eingeholt, und nach der Aufnahme erfolgte die „Betreuung" durch einen bewährten Parteigenossen als Schulobmann. Dieser beurteilte die politische Haltung seines Klienten vor allem nach Art und Umfang seiner Beteiligung in dem spezifisch ideologischen Fach „Reichskunde".[214] Die Einführung des Faches „Reichskunde" in den Unterricht der Berufsschulen war keine Erfindung Henzes, wohl aber die Instrumentalisierung dieses Faches zur Disziplinierung der Lernenden. „Reichskunde" war „im Einvernehmen mit dem Leiter der Parteikanzlei und den beteiligten Reichsministern" durch das REM zum verbindlichen Unterrichtsfach der Berufsschulen erklärt worden und erhielt dadurch seine Priorität als „wichtiges Unterrichtsfach der Berufsschule". Es diente der Betonung der völkischen Erziehungsaufgaben auf der Grundlage nationalsozialistischer Lebensauffassung und Weltanschauung und umfasste „eine vertiefte Einführung in die nationalsozialistische Gedankenwelt und deren geistige Grundlagen" sowie die Hilfswissenschaften Geschichte, Kulturgeschichte, Volkskunde, Rechtskunde, Geopolitik und Biologie.[215]

Noch weniger Rücksicht als bei den staatlichen Schulen meinte Henze gegenüber den wenigen seit 1939 noch verbliebenen, nunmehr endgültig von Schließung bedrohten privaten berufsbildenden Unterrichtsanstalten[216] nehmen zu müssen: Ihre Lebensdauer, verkündete Henze ihren Leitern, werde „im wesentlichen von ihrem Einsatzvermögen im Sinne der nationalsozialistischen Weltanschauung" abhängen. Der regelmäßige HJ-Dienst habe Priorität. Der Personalbestand dieser Institute werde „gesäubert", aus der Schülerschaft würden „alle ungeeigneten Elemente ausgeschieden".[217]

---

[213] StAHH, 361-2 VI Oberschulbehörde VI, 1763 (zum Datum 5.9.1941).

[214] StAHH, 361-2 VI Oberschulbehörde VI, 1530 (zum Datum 20.5.1943). Die „Reichskunde" war ein Lieblingskind des „starken Mannes" in der Berufsschulabteilung des REM, Wilhelm Heering. Im Rahmen der Pädagogischen Woche vom 11. bis 15.4.1944 trat er persönlich als Referent zu diesem Thema in der Hamburger Universität auf (StAHH, 362-2 VI Oberschulbehörde VI, 645; StAHH, 362-2/14 Wichernschule, 5).

[215] StAHH, 361-7 Staatsverwaltung – Schul- und Hochschulabteilung, 4034-50 (zum Datum 14.8.1942).

[216] Über diese Schulen vgl. Schmidt/Weidmann (2005), S. 314–319: Das Überleben der privaten Handelsschulen und Vorbereitungsanstalten.

4.7 Henze als Verfolger der „Swing-Jugend"

Schon vor Amtsantritt hatte Henze erklärt, er wisse, dass ihm „mit dem neuen Amt neue Verpflichtungen und neue Verantwortung übertragen werden, die nicht leicht sind".[218] Henzes mit dem neuen Amt verknüpfte „neue Verpflichtungen" umfassten das Vorgehen gegen missliebige Jugendliche, ja, es scheint, als seien die Disziplinierung der Jugend und ein scharfes Vorgehen des Staates der eigentliche Zweck seiner Beauftragung gewesen. Drei Wochen nach seinem Eintritt in die Behörde startete die Gestapo am 21. Oktober 1940 als Auftakt zu einer mehrere Monate umfassenden Aktion eine erste große Verhaftungswelle gegen die Swing-Jugend, in die auch die Schulen einbezogen wurden.[219] 63 Jugendliche wurden festgenommen. Es ist offenkundig, dass Albert Henze diese Verhaftungen veranlasste, denn am 1. Oktober hatte er in einer innerbehördlichen Sitzung, der ersten, an der er teilnahm, als „sein Thema" Einzelheiten über Jugendverwahrlosung, Ausschweifungen, Swing-Tänze und englische Platten genannt.[220] Swing-Musik, Swing-Tanzen und ein entsprechendes „Outfit" mit langen Haaren waren zu dieser Zeit Lebensausdruck einer Minderheit von Jugendlichen, in seinen Erscheinungs- und Ausdrucksformen etwas ganz anderes als die eingedrillten Rituale von Staat und Partei und vor allem etwas sehr Jugendliches, scheinbar unpolitisch, in der Wahrnehmung des Regimes jedoch hochpolitisch, weil nicht vereinbar mit dem Totalitätsanspruch des Nationalsozialismus. Es war daher konsequent, dass Henze bei der Verfolgung der Swing-Jugend der maßgebliche schulische Partner von NSDAP und Gestapo war,[221] besonders

---

[217] StAHH, 361-2 VI Oberschulbehörde VI, 1530 (zum Datum 23.2.1943).

[218] StAHH, 131-15 Senatskanzlei – Personalakten, C 621.

[219] Getanzte Freiheit. Swingkultur zwischen NS-Diktatur und Gegenwart, hg. von Alenka Barber-Kersovan und Gordon Uhlmann, Hamburg und München 2002, S. 66 und 80; Jörg Ueberall: Swing Kids, Berlin 2004, S. 45–47. Vorausgegangen war Anfang 1940 die Gründung der „Arbeitsgemeinschaft für den Jugendschutz im Kriege" durch Reichsstatthalter Karl Kaufmann (Ueberall [2004], S. 43; Getanzte Freiheit [2002], S. 67).

[220] Gustav Schmidt (2004), S. 61.

[221] So auch Thorsten Müller: Ich war ein Widerstand, in: Widerstand und Verweigerung in Deutschland, hg. von Richard Löwenthal und Patrik von zur Mühlen, Neuauflage, Bonn 1997, S. 202–210, hier S. 204 und 210. Den Eltern des damals 15-jährigen Müller teilte im September 1942 Albert Henze („ein gewisser Dr. phil. Henze") – einvernehmlich mit HJ und Gestapo – im

dann, wenn Jugendliche außer Swing-Platten andere verdächtige Gegenstände sammelten oder bei sich trugen. Henze arbeitete eng zusammen mit dem gleichaltrigen SS-Sturmbannführer Karl Hintze, der die entscheidenden Anstöße zur Einlieferung von Swing-Jugendlichen in Konzentrationslager und zu Misshandlungen gab.[222] Henze initiierte am 13. Dezember 1941 eine Schulleiterkonferenz unter Vorsitz von Reichsstatthalter Karl Kaufmann, einerseits eine Dokumentation seiner großen Nähe zum Hamburger Machtzentrum, andererseits ein Indiz für die Gefährlichkeit, welche Hamburgs Machthaber dieser Jugendbewegung zumaßen. Die zu dieser Sitzung eingeladenen Vertreter der Gestapo trugen Berichte über Swing-Jugendliche an Hamburger Oberschulen vor und forderten die Schulleiter auf, verdächtige Jugendliche über Henze an die Gestapo-Leitstelle zu melden.[223]

Einer dieser Verdächtigen, welcher der Gestapo bereits im Juni 1941 ins Netz gegangen war, war der 16-jährige Heiner Fey,[224] Schüler des Christianeums. Er war dem Streifendienst der HJ bei einem Sportfest aufgefallen, als er verdächtige Materialien bei sich trug, unter anderem „Fahnenbilder der Feindstaaten und Zeitungsausschnitte staatsabträglichen Inhalts". Nach mehreren Verhören durch Gestapo und Politische Polizei, begleitet von psychischen und physischen Drangsalierungen, deren Verlauf wir uns vorstellen können, war dieser Schüler „bereit" auszusagen und nannte Namen und Verhalten von mindestens 17 Personen, neun älteren und acht jüngeren Jugendlichen. Insgesamt standen etwa 25 Jugendliche miteinander in Verbindung.[225] Fey und seine Freunde verband das Interesse an ausländischer Swing-Musik, die sie sich über verbotene „Feindsender" hereinholten, und

---

Namen der Schulverwaltung mit, ihr Sohn sei wegen jugendgefährdenden und staatsabträglichen Verhaltens vom Besuch aller staatlichen Schulen ausgeschlossen.

[222] Ueberall (2004), S. 45; über Hintze siehe auch: Getanzte Freiheit (2002), S. 81–82 und 86.

[223] Rainer Pohl: „Das gesunde Volksempfinden ist gegen Dad und Jo". Zur Verfolgung der Hamburger „Swing-Jugend" im Zweiten Weltkrieg, in: Verachtet – verfolgt – vernichtet – zu den „vergessenen" Opfern des NS-Regimes, hg. von der Projektgruppe für die vergessenen Opfer des NS-Regimes in Hamburg e. V., 2. Aufl., Hamburg 1988, S. 14–45, hier S. 34; StAHH, 361-3 Schulwesen – Personalakten, A 1670 (Schreiben von Heinrich Schröder an die Schulverwaltung vom 17.5.1945).

[224] Namentliche Nennung bei Ueberall (2004), S. 79–81, unter der Abkürzung F. bei Ulf Andersen: Swing und Gestapo, in: Heinrich Himmler und die Liebe zum Swing. Erinnerungen und Dokumente, hg. von Franz Ritter, Leipzig 1994, S. 179–188.

[225] StAHH, 361-2 VI Oberschulbehörde VI, 1526 Band 1.

für englische und amerikanische Utensilien. Seine Festnahme wurde zum Anfang eines zweijährigen Martyriums, das ihn in die Konzentrationslager Fuhlsbüttel und (für 18 Monate) Moringen führte. Von dort wurde er – nach einem Interim, in dem er vorübergehend sogar wieder die Schule besuchen durfte – erst am 7. Januar 1944 entlassen.[226]

Henzes eigener Beitrag zu diesem „Fall“ und weiteren wird aus einem mehrfachen informatorischen Hin und Her zwischen ihm und der Gestapo deutlich,[227] das zugleich die menschenverachtende, „amtliche“ Gangart dieses nationalsozialistischen Bildungsfunktionärs demonstriert: Am 21. Januar 1942 teilte Henze mit, Heinrich Fey, der sich nach wie vor in „Schutzhaft“ befinde, sei inzwischen durch seinen Vater vom Christianeum abgemeldet worden. Weiter heißt es:

> „Damit ist für die Schulverwaltung die Möglichkeit der Verweisung von der höheren Schule nach Abschluss seiner weiteren Vernehmungen genommen worden. Der Fall kann wohl von der Schule aus als erledigt betrachtet werden. In all den anderen Fällen sind wir auf Grund des vorliegenden Materials und der weiteren Vernehmungen innerhalb der Schule mit schärfsten Verwarnungen ausgekommen. Alle Jungen sind darauf hingewiesen worden, dass bei den leisesten Zusammenhängen mit zukünftigen Aktionen ihre Verweisung von der höheren Schule ausgesprochen werden muss.“

Auf Henzes Nachfrage, ob das Verfahren gegen Fey inzwischen abgeschlossen worden sei, antwortete sein Kooperationspartner Karl Hintze am 11. Mai 1942 im Namen der Gestapo-Leitstelle, Fey befinde sich nach wie vor in „Schutzhaft“, der Entlassungstermin sei noch nicht bekannt.

Ein von Henze in Auftrag gegebenes Verzeichnis der Schulverwaltung über die „Schüler und Schülerinnen der hiesigen Höheren Schulen, die seit dem 1. April 1940 von der Schule verwiesen oder an eine andere Schule strafversetzt worden sind“, war der Gestapo bereits zugegangen.[228] Eine Aufstellung mit weiteren 13 Namen von Schülerinnen und Schülern, die wegen staatsabträglichen Verhaltens bestraft worden waren, ließ Henze un-

---

[226] Getanzte Freiheit (2002), S. 84.

[227] StAHH, 361-2 VI Oberschulbehörde VI, 990.

[228] StAHH, 361-2 VI Oberschulbehörde VI, 991 (zum Datum 17.4.1942).

mittelbar seinem Kooperationspartner Karl Hintze zugehen.[229] Eine erste Erfolgsbilanz zog Henze am 29. Juni 1942 vor dem Beirat der Schulverwaltung:[230] Die Beteiligung von Schülern an der Swing-Bewegung habe nachgelassen, nachdem durch 20 bis 30 Verweisungen von der höheren Schule streng durchgegriffen worden sei. Es sei Vorsorge getroffen worden, dass die Betreffenden auch an den privaten Vorbereitungsanstalten ihre Reifeprüfung nicht ablegen könnten. Die Swing-Bewegung als solche sei jedoch bisher nicht abgeflaut. Es seien daher weiterhin zahlreiche Verhaftungen und Bestrafungen erforderlich geworden. Dienstamtlich teilte Henze am 19. Dezember 1942 den Direktoren der Oberschulen mit, die Namen von Schülern und Schülerinnen, von denen die Schule erfahre, dass sie der Swing-Jugend angehörten, seien, „ohne sie zu vernehmen, über die Schulv[erwaltung] dem Sicherheitsdienst des Reichsführers SS, SD-Leitabschnitt Hamburg, Hamburg 36, Kaiser-Wilhelm-Straße 46, mitzuteilen“.[231] Dort waltete Karl Hintze seines Amtes, ab 1943 als stellvertretender Leiter der Gestapoleitstelle. Er entschied über die Einweisung der ihm durch Albert Henze gemeldeten Jugendlichen in Konzentrationslager und zeichnete sich später durch besondere Brutalität gegenüber dem Hamburger Zweig der „Weißen Rose“ aus.[232] Am 19. Mai 1945 beging Karl Hintze im Hamburger Untersuchungsgefängnis Selbstmord.[233]

---

[229] StAHH, 361-2 VI Oberschulbehörde VI, 990 (zum Datum 29.6.1942).

[230] StAHH, 361-2 VI Oberschulbehörde VI, 787.

[231] StAHH, 361-2 VI Oberschulbehörde VI, 1541. Anzugeben war neben den Personalien auch „der der Schule zur Kenntnis gelangte Tatbestand“.

[232] Zum Hamburger Zweig der „Weißen Rose“: Candidates of humanity. Dokumentation zur Hamburger Weißen Rose anläßlich des 50. Geburtstages von Hans Leipelt, bearb. von Ursel Hochmuth, Hamburg 1971; Ursel Hochmuth / Ilse Jacob: Weiße Rose Hamburg, in: Streiflichter aus dem Hamburger Widerstand 1933–1945, hg. von Ursel Hochmuth und Gertrud Meyer, 2. Aufl., Frankfurt a. M. 1980, S. 387–421; Hans-Harald Müller / Joachim Schöberl: Karl Ludwig Schneider und die Hamburger „Weiße Rose“. Ein Beitrag zum Widerstand von Studenten im „Dritten Reich“, in: Hochschulalltag im Dritten Reich. Die Hamburger Universität 1933–1945, hg. von Eckart Krause, Ludwig Huber und Holger Fischer, Berlin und Hamburg 1991, Teil I, S. 423–437; Sibylle Bassler: Die Weiße Rose. Zeitzeugen erinnern sich, Reinbek bei Hamburg 2006; zusammenfassend: Detlef Garbe: Institutionen des Terrors und der Widerstand der Wenigen, in: Hamburg im „Dritten Reich“, hg. von der Forschungsstelle für Zeitgeschichte in Hamburg, Göttingen 2005, S. 519–572, hier S. 565–569.

[233] Pohl (1988), S. 37.

4.8 Denunziation als Instrument der Machtsicherung

Sicherlich reagierten auch Karl Witt und Wilhelm Schulz auf anonyme Denunziationen mit administrativen Zwangsmaßnahmen. Denunziation war ja ohnehin ein übliches Macht- und Einschüchterungsmittel der Diktatur. Aber erst Henze machte die Denunziation zu einem bewusst und planmäßig eingesetzten Instrument der Macht- und Herrschaftssicherung. Das musste auch Schulrat Gustav Schmidt erfahren.[234] Nach selbstverständlichen ethischen Maßstäben, die im Schulwesen bis 1933 galten und nach 1945 wieder gelten, ist Denunziation mit den Grundsätzen von Jugenderziehung nicht vereinbar. Henze exponierte sich durch sein Verhalten, indem er gegen hergebrachte Gepflogenheiten verstieß, die für viele Lehrende und Lernende auch im „Dritten Reich" immer noch galten, und dieses wirkte sich besonders provozierend an einer „Hochburg" der Swing-Bewegung, dem Christianeum, aus. Am 13. und 16. Januar 1942 erschien Henze persönlich in der Schule und verlas Stellen aus einer „Anklageschrift", die aufgrund einer Untersuchung der Schulverwaltung über die politische Haltung des Schulleiters Hermann Lau und mehrerer Kollegen erstellt worden war und auf Denunziationen mehrerer Lehrer zurückging. Dieses Opus stand im Zusammenhang mit der Schulleiterkonferenz vom 13. Dezember 1941 unter dem Vorsitz des Reichsstatthalters Karl Kaufmann. Die zu einer Gesamtkonferenz zusammengerufenen Lehrer forderte Henze auf, weiteres Belastungsmaterial gegen den wegen politischer Unzuverlässigkeit auf die „Abschussliste" gesetzten Schulleiter Hermann Lau und zwei weitere Studienräte vorzubringen. In der Schule wusste man klar zu unterscheiden, mit wem man offen reden konnte und vor wem man sich in Acht nehmen musste. Unter den Schülern und innerhalb des Lehrerkollegiums war bekannt, wer Nationalsozialist war und wer nicht.[235] Als erreichbar für Hen-

[234] Gustav Schmidt (2004), S. 44, 56, 63 und 68: Am 17.3.1941 attackierte Henze (seit zehn Wochen in leitender Position in der Schulverwaltung) den 14 Jahre älteren Schulrat scharf, weil dieser ihn angeblich übergangen habe. Am 11.8.1941 erfuhr Gustav Schmidt, dass Henze einen Lehrer nach dem „Können" seines Schulrats ausgefragt habe. Am 29.11.1941 stellte Henze Gustav Schmidt zur Rede, warum er nicht Mitglied der NSDAP sei, und bat um „Offenheit", obgleich er bei den Schmidt unterstehenden Lehrern spioniert hatte.

[235] Forschungsstelle für Zeitgeschichte in Hamburg (FZH), Archiv Werkstatt der Erinnerung, 207 (Flitner, Andreas, geb. 1922). Drei der von Andreas Flitner genannten sieben Lehrer waren zwar Nationalsozialisten, erscheinen jedoch in politischer Hinsicht als eher harmlos (Peter

zes Ansinnen erscheint der Mathematiklehrer Ernst Köhler,[236] ein Anhänger der Lehre Mathilde Ludendorffs von der Zweiteilung in „Licht- und Schachtmenschen“,[237] der für alles Negative die Freimaurer oder die Jesuiten als Hintermänner verdächtigte. Ob er zu den Denunzianten gehörte, lässt sich bei ihm nicht eindeutig feststellen, wohl aber bei dem Zeichenlehrer Adolf de Bruyker: Er war ein Nazi-Spitzel, berichtete über Lehrerkonferenzen und sonstige Ereignisse ständig an die Partei und wurde zusammen mit seinen Kollegen Erich Wehrt und Ernst Köhler am Rande der von der Gestapo erstellten „Anklageschrift“ gegen den Schulleiter und mehrere Lehrer des Christianeums namentlich vermerkt.[238] Das Kollegium als Ganzes weigerte sich jedoch, der ihm zugemuteten Aufforderung nachzukommen. Dessen ungeachtet teilte der für das Schulwesen formal zuständige Senator Friedrich Ofterdinger dem Schulleiter mit, er genieße nicht mehr

Hansen: Lateinlehrer und SA-Führer, ein rührender Mensch, der ständig Anekdoten aus dem Ersten Weltkrieg erzählt habe; Ernst Irps: Nazi und zugleich ein guter Deutschlehrer; Hermann Trog: guter Deutschlehrer und Nazi). Der von Flitner in diesem Zusammenhang auch genannte spätere Nachkriegsschulrat Heinrich Schröder war dagegen Gegner des Regimes: Er absolvierte den Hitler-Gruß mit dem Schlüsselbund am vierten Finger, was von den Schülern als Verhöhnung verstanden wurde. Der Griechischlehrer Karl Wendling galt als „wütender Antinazi“.

[236] Bei Andreas Flitner (FZH, Archiv Werkstatt der Erinnerung, 207) aus der Erinnerung bezeichnet als „Krüger“.

[237] Mathilde Ludendorff unterteilte die Menschheit in so genannte „Licht-“ und „Schachtvölker“, die entsprechenden „Licht-“ und „Schachtlehren“ anhingen. Nach ihrer Lehre vermögen nur die im Lichte Geborenen Gott zu erkennen. Die Rassen aber, die fernab des Lichtes im tiefen „Schacht“ geboren seien, hätten nicht den Willen zur Vollkommenheit, ihnen fehle der angeborene Wille zur Freiheit und Unabhängigkeit, den die Lichtvölker hätten. Vgl. Bettina Amm: Die Ludendorff-Bewegung – Zwischen nationalistischem Kampfbund und völkischer Weltanschauungssekte, Diss. phil. Hamburg 2006, S. 122–123. Zu Mathilde Ludendorff außerdem: Ilse Korotin: Die Konstruktion einer nationalen Ethik am Beispiel von Mathilde von Kemnitz-Ludendorff, in: Philosophie, Psychologie, Emigration. Festschrift für Kurt R. Fischer, hg. von Peter Muhr u. a., Wien 1992, S. 148–179; Ilse Korotin: Die politische Radikalisierung der Geschlechterdifferenz im Kontext von „Konservativer Revolution“ und Nationalsozialismus. Mathilde Ludendorff und der „Völkische Feminismus“, in: Sehnsucht nach Schicksal und Tiefe. Der Geist der Konservativen Revolution, hg. von Volker Eickhoff und Ilse Korotin, Wien 1997, S. 105–127; Ursula I. Meyer: Mathilde Ludendorff. Das nationalistische Menschenbild, in: dies.: Die Welt der Philosophin, 4. Teilband: Moderne Zeiten: Das 20. Jahrhundert, Aachen 1998, S. 87–104.

[238] StAHH, 361-3 Schulwesen – Personalakten, A 1670, Schreiben von Oberschulrat i. V. Heinrich Schröder an die Hauptverwaltung vom 14.8.1945. Vgl. Pohl (1988), S. 34.

das Vertrauen des Reichsstatthalters und werde daher „aus politischen Gründen" als Leiter an die Oberschule für Jungen Blankenese versetzt.[239] Der eigentliche Grund dieser – dann wegen des Pensionsantrags des Betroffenen nicht durchgeführten – Zwangsversetzung dürfte gewesen sein, dass Henze die attraktive Position des Schulleiters dieser renommierten, neuerdings auch mit erhöhten Schulleiterbezügen bedachten Schule dem linientreuen Parteigenossen Paul Dittmer zukommen lassen wollte.[240]

Zum Stil der Ära Henze passte auch die Denunziationskette in der dem Christianeum benachbarten Oberschule für Jungen Altona, an der 1942/43 eine ganze Gruppe von Lehrern dieser Schule beteiligt war.[241] Sie hatte die Zwangspensionierung von Robert Grosse (1880–1968), der 1933 als Schulleiter des Christianeums abgesetzt und als Lehrer an die Altonaer Schule versetzt worden war, und den Amtsverlust des Schulleiters Peter Meyer (1888–1967) zur Folge. Durch die Vorfälle wurde für die Schulverwaltung deutlich, dass Grosse den Nationalsozialismus innerlich ablehnte und im Deutsch- und Geschichtsunterricht die offizielle Rassenlehre kritisch hinterfragte.[242] Ausgelöst wurde der Denunziationsvorgang durch den Biologielehrer Joachim Carstens (1899–1975),[243] welcher ab Januar 1942 der Schulverwaltung Mitteilungen von Schülern über Aussprüche von Robert Grosse

---

[239] StAHH, 361-3 Schulwesen – Personalakten, A 1670, Schreiben von Heinrich Schröder vom 17.5.1945.

[240] Über Paul Dittmer siehe StAHH, 361-3 Schulwesen – Personalakten, A 1611 und A 1670. Vgl. StAHH, 361-2 VI Oberschulbehörde VI, 3078 Band 2 (zum Datum 11.9.1942); Behörde für Bildung und Sport (Hamburg), Personalakte Erwin Zindler (zum Datum 1.9.1942). Das REM hatte angekündigt, das Johanneum und das Christianeum als „besonders bedeutende höhere Schulen" anzuerkennen mit der Folge, dass die Schulleiter dieser beiden Schulen von der Besoldungsgruppe A 2b in die Besoldungsgruppe A 1b überführt wurden. Auch am Johanneum wurde der Schulleiter ausgewechselt und die Position mit dem politischen Leiter und künftigen amtierenden Vorsitzenden des NSLB Erwin Zindler besetzt.

[241] StAHH, 361-3 Schulwesen – Personalakten, A 1300.

[242] So erfuhr Henze, ein Schüler Grosses, Fähnleinführer der HJ, berufe sich auf sein Lexikon und seinen Lehrer, indem er behaupte, die Entstehung des jüdischen Volkes sei keine Frage der Rasse, sondern der Religion. Ein anderer Schüler nenne als bedeutendsten Nachkantianer den jüdischen Philosophen Hermann Cohen.

[243] Joachim Carstens wurde im Januar 1941 aus der Wehrmacht (Unteroffizier) entlassen und nahm am 27.1.1941 seinen Dienst an der Oberschule für Jungen Altona wieder auf (StAHH, 361-2 VI Oberschulbehörde VI, 1766 Band 13).

meldete[244] und diese kommentierte. Zwar bemühte sich der Schulleiter, den Vorgang herunterzuspielen,[245] doch wurde Albert Henze informiert und zu eigenen Nachforschungen aktiviert.[246] Er verfügte am 18. Februar 1943, Grosse mit sofortiger Wirkung den Geschichtsunterricht zu entziehen. Ihm sei zu raten, aus gesundheitlichen Gründen seine Pensionierung zu beantragen.[247] Unter den obwaltenden Umständen scheint diese „Lösung" Grosse vor einer Einlieferung ins KZ bewahrt zu haben. Den Schulleiter Peter Meyer kosteten diese Vorgänge sein Amt. Die Schulverwaltung ordnete an, „dass der Oberstudiendirektor Peter Meyer [...] fortab nicht mehr als Schulleiter oder stellvertretender Schulleiter, sondern nur noch im Amt eines Studienrats (an einer anderen Schule, jedoch mit Schulleiterbezügen) zu beschäftigen ist".[248]

---

[244] Grosse habe nicht, wie vorgeschrieben, Rasse, Volk und Sprache klar abgegrenzt und erschüttere durch seine Einlassungen das „Vertrauen der Jugendlichen zu unserem Führer". Auf die Frage eines Schülers der 10. Jahrgangsstufe, ob die „Zigeuner" ein arisches Volk seien, habe Grosse behauptet, sie seien arisch. Die Frage „Stimmt es, dass Heiraten zwischen Deutschen und Japanern erlaubt sind?" habe Grosse bejaht; er habe durch eine hohe Parteistelle in Erfahrung gebracht, dass das erlaubt sei, obwohl es sich um unterschiedliche Rassen handle.

[245] Grosse sei ein sehr geschätzter Lehrer, das gegen ihn geäußerte Misstrauen teile er nicht, auch sei ihm niemals eine diesbezügliche Klage vorgetragen worden. Die Folgen einer Kriegsverletzung aus dem Ersten Weltkrieg (Nervenleiden infolge Verschüttung) hinderten ihn aber, „der gegenwärtigen Zeit mit ihren Erfordernissen voll gerecht zu werden – in dem Sinne einer aktivistischen Betätigung im Rahmen des Dritten Reiches". Zur Person des Denunzianten bemerkte Schulleiter Meyer, er hege „allmählich große Besorgnisse hinsichtlich des Geistes- und Nervenzustands" des Kollegen Joachim Carstens: „Die außerordentliche Beanspruchung jedes Deutschen in dieser aufgewühlten, schicksalsträchtigen Zeit" habe bei ihm bedenkliche Folgen gezeitigt. Dieses kommentierte der zuständige Oberschulrat Hermann Saß am 10.2.1943 mit den Worten: „Ich finde diese Randglosse von Meyer mehr als merkwürdig."

[246] Henze bewegte auf dem Anordnungswege weitere Kollegen zu Aussagen, die darin auch zeitlich weit zurückliegende Vorgänge zur Sprache brachten.

[247] „Er hätte bereits 1933 entlassen werden müssen." Jetzt sei es „höchste Zeit, dass er verschwindet". Ein behördlicher Vermerk (des Personalsachgebiets?) vom 1.3.1943 lautet: „Dr. Grosse ist nicht tragbar. Er ist sofort zu beurlauben und aus dem Dienst zu entfernen, am besten auf eigenen Antrag."

[248] Die Schulverwaltung veranlasste im Auftrag des Reichsstatthalters, „durch persönliche Vernehmung eine Äußerung des Oberstudiendirektors Meyer herbeizuführen, aus welchem Grunde er es unterlassen hat, der NSDAP beizutreten". Sein Verhalten müsse einer Nachprüfung unterzogen werden. Als Untersuchungsergebnis teilte die Schulverwaltung mit, es habe sich herausgestellt, „dass der Leiter dieser Anstalt, Oberstudiendirektor Peter Meyer, es nicht

4.9 Belohnung und Übergang vom Staatsdienst in den Parteidienst

Für seine im Sinne des Reichsstatthalters „erfolgreiche" Arbeit wurde Henze am 1. August 1942 auf Vorschlag Kaufmanns mit dem Kriegsverdienstkreuz 2. Klasse ohne Schwerter ausgezeichnet: „Pg. Henze hat während des Krieges nicht nur sein Gauschulungsamt vorbildlich geleitet, sondern hat sich auch besonders in der Schulverwaltung, mit deren Leitung er von mir während des Krieges beauftragt wurde, als Nationalsozialist eingesetzt und bewährt."[249] In der Wertung Kaufmanns erscheinen die beiden Schwerpunkte Henzes gleichgewichtig. Der „Exekutor des totalen Krieges" im Schulwesen hatte die ideologische Parteiarbeit über das Gauschulungsamt keineswegs vernachlässigt: Unmittelbar nach Empfang der Auszeichnung nahm er vom 2. bis 5. August 1942 an einer mehrtätigen Arbeitstagung der Schulungsbeauftragten der NSDAP (Gauschulungsleiter und Reichsschulungsbeauftragte) teil, die in der Reichsschule der DAF, Dr. Adolf-Wagner-Reichsschulungsburg Berlin-Wannsee, Haus am See, Kaiserstraße 2–3, stattfand. Der Rang im nationalsozialistischen Machtgefüge, zu dem Henze Zugang hatte, zeigte sich an der Prominenz der Referenten: Robert Ley, Joseph Goebbels, Albert Speer, Alfred Rosenberg und Artur Axmann sprachen zu den Versammelten, für die Goebbels einen Empfang gab.[250] Einzelfragen wurden in acht Arbeitsgemeinschaften behandelt, Albert Henze nahm an der Arbeitsgemeinschaft für das Rednerwesen teil.[251] Unmittelbar danach wurden die Leiter der Gauschulungsämter und die „Gaufeierbeauftragten" geschlossen zu einer „Arbeitstagung für Lebensfeiern" im Amt Rosenberg, Bellevuestraße 3, zusammengerufen,[252] wo Rosenberg zu

---

verstanden hat, durch straffe Führung das ihm unterstellte Kollegium im Geiste nationalsozialistischer Weltanschauung und Politik zusammenzuschließen" (StAHH, 361-3 Schulwesen – Personalakten, A 1300; vgl. auch StAHH, 361-3 Schulwesen – Personalakten, A 1191).

[249] Bundesarchiv Berlin, BDC PK, E 148.

[250] Völkischer Beobachter vom 6.8.1942 (mit Bild).

[251] Bundesarchiv Berlin, NS 22/932; Völkischer Beobachter vom 5.8. und 6.8.1942.

[252] Vom 6. bis 8.8.1932 (Bundesarchiv Berlin, NS 22/932). Ein entsprechendes Schreiben richtete der Leiter des Hauptschulungsamtes der NSDAP, Heinrich Bruhn, von München aus an das Gauschulungsamt Hamburg (ebd., Fernschreiben vom 25.7.1942).

den Teilnehmern sprach. Ausgerichtet wurde diese Sitzung von der Reichsarbeitsgemeinschaft für die Gestaltung der Lebensfeiern. Henze nahm am 22. März 1943 an einer weiteren Arbeitsbesprechung der Gauschulungsleiter im Gemeinschaftshaus der DAF Berlin, Tiergartenstraße 28, teil, in deren Mittelpunkt die Fortsetzung der Schulungsarbeit nach Ausrufung des „totalen Krieges" durch den „Führererlass über den umfassenden Einsatz für Aufgaben der Reichsverteidigung" vom 13. Januar 1943 stand.[253] Dieser Erlass hatte die „Anordnung A 10/43" von Reichsleiter Martin Bormann vom 18. Februar 1943 im Führerhauptquartier über die „Stillegung des Hauptamtes für Erzieher und des NSLB" zur Folge: Zeitschriften stellten ihr Erscheinen ein, frei werdende Personen, Räume und Gebäude wurden anderweitig genutzt.[254] Demgegenüber gingen die Schulungen des Gauschulungsamtes nicht nur weiter, sie wurden sogar noch intensiviert: Im Juni/Juli 1943 war Gauschulungsleiter Albert Henze im ausdrücklichen Auftrag Kaufmanns verantwortlich für die Schulung der politischen Leiter der NSDAP in der „Gauschulungsburg" Barsbüttel. Er wurde dabei unterstützt durch einen Mitarbeiter des Hauptschulungsamts München.[255] Vorher oder danach, jedenfalls unmittelbar vor der Juli-Katastrophe, veranstaltete das Hauptschulungsamt am 7. und 8. Juli 1943 in Hamburg eine Regionaltagung mit 16 Gauschulungsleitern und weiteren Teilnehmern, die hauptamtlich im Hauptschulungsamt tätig waren. Tagungsort war der Reichshof, ein Hotel gegenüber dem Hamburger Hauptbahnhof, Saal 6. Am Nachmittag des Ankunftstages wurde in der Hochschule für Bildende Künste, Lerchenfeld 2, eine Ausstellung besucht, die „Versuche zur Erstellung von Gedenkblättern und Feiergerät für Lebensfeiern" zeigte. Auf dem Abendprogramm standen Theaterbesuch und kameradschaftliches Beisammensein. Die Dienstbesprechung am folgenden Tage leitete Albert Henze ein mit dem technokratisch klingenden Thema „Erfahrungen über die Ausrichtungsmöglichkeiten für Zellen- und Blockleiter in Stadtkreisen". Eine

---

[253] Bundesarchiv Berlin, NS 22/933. Tagesordnung: 1. Praktischer Schulungseinsatz; 2. Volksbildungswerk; 3. Die vom Hauptschulungsamt im Schnelldienst zu erarbeitenden Schulungsthemen; 4. Stillegung der Arbeit in den angeschlossenen Verbänden gemäß bekanntem Erlass; 5. Honorierung der Schulungsredner. Anschließend war ein „gemeinsames Zusammensein mit dem Reichsorganisationsleiter Dr. Ley zu einer Aussprache über schulische und organisatorische Angelegenheiten" vorgesehen (aus dem Fernschreiben vom 13.3.1943).

[254] StAHH, 362-10/1 Hilfsschule Carsten-Rehder-Straße, 6.

[255] Bundesarchiv Berlin, BDC PK, E 148, Brief an Querner vom 13.7.1943.

Hafenrundfahrt mit Werftbesichtigung und eine Dienstbesprechung im Landungsbrückenrestaurant beendeten diese Tagung.[256] Der Leiter des Reichsschulungsamtes, Reichsorganisationsleiter Robert Ley, hatte am 28. Mai 1943 Beförderungsmöglichkeiten für Gauhauptstellenleiter angekündigt, deren Position auf diese Weise gehoben werden sollte. Die Anordnung bezog sich ausdrücklich auch auf die Gauschulungsämter. Damit schien für Henze die passende Situation für einen erneuten Karrieresprung gegeben.[257]

Henze unterhielt enge Verbindungen nicht nur zu Kaufmann, sondern auch zur SS und über die SS zu anderen einflussreichen Nationalsozialisten. Das wird aus seiner freundschaftlichen Korrespondenz mit SS-Obergruppenführer Rudolf Querner deutlich.[258] Henze und Querner kannten sich aus der Zeit, als Querner in Hamburg stationiert gewesen war, 1936/1937 für sechs Monate als Kommandeur der Schutzpolizei, 1938 bis 1941 als Stabsmitglied der SS-Führung „Nordwest" (später „Nordsee") und 1941 bis 1943 als Führer dieses SS-Abschnitts. Elf Tage vor der Hamburger Juli-Katastrophe erinnerte Henze an die „frohen Stunden", die er und Querner „im engen Kreise mit dem Gauleiter und seinen Mitarbeitern verleben durften".[259] Querner gehörte, wie der frühere Leiter der Gauführerschule Wilhelm Gundlach vor einem von der Bürgerschaft am 8. März 1946 eingesetzten Ausschuss zur Untersuchung nationalsozialistischer Korruptionsfälle aussagte, zu einer „Nazi-Kamarilla" von zwölf einflussreichen Parteimitgliedern. Diese trafen sich von 1935 an einmal wöchentlich in renommierten Hamburger Lokalen (zum Beispiel Hotel Atlantik, Europäischer Hof, Mühlenkamper Fährhaus) zum Essen, besprachen dabei Vorschläge an den Gauleiter für die Vergabe von Posten und für die Aneignung bisher jüdi-

---

256 Bundesarchiv Berlin, NS 22/933. Die Tagung stand im Rahmen einer kriegs- und verkehrsbedingten Dreiteilung der Konferenzen zwischen Frankfurt, Hamburg und Wien, die der Leiter des Hauptschulungsamtes, Heinrich Bruhn, vorgenommen hatte.

257 Bundesarchiv Berlin, NS 22/880: „Die Gauschulungsleiter werden angewiesen, in Bezug auf ihre Leiter der Gauschule, der aktiven Schulung und des Lehrwesens die Initiative zu ergreifen."

258 Bundesarchiv Berlin, BDC PK, E 148 (zum Datum 13.7.1943). Die verzögerte Beantwortung eines am 7.6.1943 an ihn abgegangenen Briefes erklärte Henze mit „Arbeitsüberlastung". Henze bedankte sich in seinem Antwortschreiben für Querners Glückwünsche (entweder zu Henzes Auszeichnung am 1.8.1942 oder zu seiner Ernennung zum Senatsdirektor am 30.1.1943 – oder aber Querner wusste bereits von Henzes nächstem Karrieresprung).

259 Bundesarchiv Berlin, BDC PK, E 148, Brief an Querner vom 13.7.1943.

schen Eigentums und organisierten nach Kriegsbeginn ihre Versorgung mit wertvollen Konsumgütern und Luxuswaren aus dem besetzten Ausland.[260]

Querner war inzwischen zum Generalleutnant der Polizei in Wien ernannt worden,[261] hatte also eine Aufgabe von höherem Rang zugewiesen bekommen. Auch für Henze waren nunmehr Aufgaben auf höherer Ebene vorgesehen, und diese verdankte er seinen engen Beziehungen zu mächtigen Nationalsozialisten, zum Gauleiter, zur DAF[262] und zur SS. Er leitete nach den verheerenden Bombenangriffen des Juli 1943 zwar noch vier Konferenzen der Schulverwaltung zur Erörterung der nach dem Hamburger Feuersturm zu treffenden Maßnahmen,[263] danach schied er, wie es hieß, „auf eigenen Wunsch" am 1. Oktober 1943 aus der Schulverwaltung aus.[264] Auf Anordnung des Reichsorganisationsleiters der NSDAP und Führers der DAF, Robert Ley, sollte das Amt des Gauschulungsleiters nunmehr innerhalb der engeren Parteiorganisation der NSDAP hauptamtlich besetzt

---

[260] StAHH, 221-11 Staatskommissar für die Entnazifizierung und Kategorisierung, E d 11072. Zu dieser Gruppe gehörten auch der Schriftleiter des *Hamburger Tageblatts*, Hermann Okrass, Senator Alfred Richter und der Gau-Wirtschaftsberater Dr. Otto Wolf. Der weitaus größte „Besorger" soll Fritz Dorn, Direktor der Neuen Sparkasse von 1864, gewesen sein.

[261] Über Rudolf Querner (1883–1945) siehe Frank Bajohr: „… dann bitte keine Gefühlsduseleien". Die Hamburger und die Deportationen, in: Die Deportationen der Hamburger Juden 1941–1945, hg. von der Forschungsstelle für Zeitgeschichte in Hamburg und dem Institut für die Geschichte der deutschen Juden, Hamburg 2002, S. 13–29, hier S. 17–18 (Literaturhinweise: S. 28, Anm. 16.); Frank Bajohr: Die Deportation der Juden: Initiativen und Reaktionen aus Hamburg, in: Die Verfolgung und Ermordung der Hamburger Juden 1933–1945. Geschichte. Zeugnis. Erinnerung, hg. von Beate Meyer, Hamburg 2006, S. 33–41, hier S. 34. – Querner war von April 1941 bis April 1943 in Hamburg tätig, bevor er nach Wien versetzt wurde. Er leitete während dieser Zeit auch die Polizeiabteilung der Hamburger Staatsverwaltung und vertrat den Reichsstatthalter in allen polizeilichen Angelegenheiten. Er war zuständig für die Durchführung und Bewachung der Deportationstransporte vom 25.10. bis 6.12.1941. Die Verantwortlichkeit Kaufmanns für die Initiierung dieser Transporte wird aus seiner Korrespondenz mit Querner deutlich: „Hier agierten keine Schreibtischtäter, sondern Mörder, die sehr genau wussten, was sie taten und sich dazu auch noch offen bekannten" (Bajohr [2002], S. 21). Teilnehmer einer Besprechung bei Kaufmann zur Koordinierung der Deportationsaktivitäten am 16.10.1941 war wahrscheinlich auch Rudolf Querner. Es ist anzunehmen, dass Albert Henze angesichts seiner Nähe zu Querner und Kaufmann vom Inhalt dieser Besprechung wusste.

[262] Aus Bundesarchiv Berlin, BDC RS, C 263 geht hervor, dass Henze auch ehrenamtlicher Beisitzer im Ehren- und Disziplinargericht der DAF war.

[263] StAHH, 361-2 VI Oberschulbehörde VI, 807 (zum Datum 6.–10.8.1943).

[264] StAHH, 131-15 Senatskanzlei – Personalakten, C 621.

werden, während Henze diese Position bislang nebenamtlich als ein vom Staat abgeordneter Beamter versehen hatte und auch in diesem Rahmen besoldet und befördert worden war. Reichsstatthalter Karl Kaufmann entließ ihn also aus dem Staatsdienst, Gauleiter Karl Kaufmann übertrug ihm auf Anweisung von höherer Stelle ein führendes Parteiamt. Henze übernahm – jetzt vom Parteiapparat besoldet – eines der insgesamt von der NSDAP unterhaltenen 42 Gauschulungsämter.[265] Noch ein Jahr vor Kriegsende betrieb Henze im Mai 1944 seinen Eintritt in die SS und richtete ein Aufnahmegesuch, verbunden mit einem handgeschriebenen Lebenslauf und Passbildern, an die 28. SS-Standarte des SS-Oberabschnitts Nordsee (Harvestehuder Weg 8 a), den bis zum 20. April 1943 sein Freund Rudolf Querner geleitet hatte. Henze erhielt am 9. Juni 1944 die mit diesem Gesuch eingereichten Urkunden zurück und wurde aufgefordert, einen Abstammungsnachweis rückwirkend bis zum 1. Januar 1750 einzureichen, was erfolgte.[266]

4.10 Eigene Entscheidung oder Vollzug im Gehorsam?

Nach der zeitnahen Darstellung von Ernst Schrewe, Henzes De-facto-Nachfolger in der Schulverwaltung, musste sich Albert Henze sehr kurzfristig unter dem Druck Robert Leys entscheiden, ob er weiterhin in der Schulverwaltung tätig sein oder in den Parteidienst als Schulungsleiter übergehen

---

[265] Dazu kamen als Ämter die Auslandsorganisation, das Schulungsamt der Niederlande in Den Haag und dasjenige des Generalgouvernements in Krakau. Im benachbarten Schleswig-Holstein befand sich eine „Gauschulungsburg" in Bordesholm, weitere „berufliche" Nachbarn waren das Gauschulungsamt Ost-Hannover in Lüneburg und das Gauschulungsamt Mecklenburg in Schwerin. In einer Aufstellung (Bundesarchiv Berlin, NS 22/932) vom 1.8.1942 (desgleichen 1.10.1942 im Maschinendruck) wird Henze aufgeführt als Leiter des Gauschulungsamtes Hamburg, Oberbereichsleiter, Hamburg, Ritterstraße 44. Die „angeschlossenen Verbände" hatten eigene Reichsschulungsbeauftragte, die – mit Ausnahme des NSLB (Bayreuth) – alle von Berlin aus agierten, so die DAF, die NSV, der Reichsbund der deutschen Beamten, das Rassenpolitische Amt und weitere elf Organisationen.

[266] Bundesarchiv Berlin, BDC RS, C 263. Henzes nunmehr erstellte Sippenakte erhielt die Nummer 149 630. Da der „R. u. S.-Fragebogen" („Rasse- und Sippen-Fragebogen") die Altersangabe 43 trägt, ist als *terminus ante quem* Henzes 44. Geburtstag, also ein Termin vor dem 12.6.1944, anzusehen.

wollte.[267] Diese Formulierung lässt darauf schließen, dass Henze einen gewissen, wenn auch vielleicht nicht sehr großen, Entscheidungsspielraum gehabt hat. Henze selbst dagegen verbreitete mit zunehmendem zeitlichem Abstand die Lesart, er sei aus dem Hamburger Schuldienst ausgeschieden, „da er hauptamtlich zum Parteidienst verpflichtet" worden sei,[268] also ohne eigenes Zutun, und dieses Schema dehnte er auf seine gesamte Karriere seit dem nationalsozialistischen Machtantritt aus: Er sei 1933 „abgestellt zur Dienstleistung an der Gauführerschule der NSDAP" und 1943 „ausgeschieden aus dem Schuldienst, da seinerzeit der Befehl von Bormann und Ley kam, dass das Gauschulungsamt, das ich bis dahin nebenamtlich seit 1936 innehatte, nun hauptamtlich geführt werden dürfe".[269] Noch weiter als Henze selbst ging ein Lübecker Pastor, der sich 14 Jahre nach dem Ausscheiden Henzes aus der Schulverwaltung beim Hamburger Bürgermeister für den früheren nationalsozialistischen Funktionär einsetzte: Henze sei ein „tadelloser Charakter", jedoch

> „durch eine eigenartige Verquickung der Umstände in die mit der brutalen Regelmäßigkeit eines Naturgesetzes laufende Entnazifizierungsmaschine geraten und vitaltechnisch von ihr zermalmt worden. Nicht, dass er ein zu wilder Nazi gewesen wäre! Da sind ganz andere wieder in hohen Ämtern. Aber er hat die juristische Dummheit begangen, 1943 hauptamtlich in den Parteidienst zu gehen und damals auf alle seine Beamtenrechte zu verzichten."[270]

Ein ehrgeiziger, bedenkenloser Schritt eines diktaturloyalen Gefolgsmannes auf der nationalsozialistischen Karriereleiter war auf die Größe einer

[267] StAHH, 361-3 Schulwesen – Personalakten, A 2149 (zum Datum 22.12.1943), Schreiben von Ernst Schrewe an Karl Witt.

[268] Landesarchiv Schleswig-Holstein, Abt. 811 Nr. 41849 (zum Datum 24.5.1952), Beantwortung einer Henze betreffenden Anfrage des schleswig-holsteinischen Kultusministeriums durch den Leiter der Lübecker Oberschule zum Dom (OzD), Paul Thomas Rihn.

[269] Landesarchiv Schleswig-Holstein, Abt. 811 Nr. 41849 (zum Datum 8.11.1956), Selbstdarstellung Henzes mit dem Ziel, über einen Landtagsabgeordneten die Übernahme in das Beamtenverhältnis zu erreichen.

[270] Landesarchiv Schleswig-Holstein, Abt. 811 Nr. 43195 (zum Datum 9.4.1957), Schriftwechsel zwischen der OzD (unterzeichnet von Dr. Wendt und gegengezeichnet vom Schulleiter Dr. Rihn) und dem Lübecker Pastor Dr. Lewerenz, Mengstraße 8 a.

vermeidbaren Augenblicks-„Dummheit" eines Ehrenmannes verkleinert worden, die bei genauerem Hinsehen auch hätte vermieden werden können. In einer schulinternen Laudatio der Lübecker Oberschule zum Dom (OzD) wurde die Henze-Legende zum 65. Geburtstag des einstigen Hamburger Schulpotentaten weitergeführt und in die Form gebracht, die Henze wohl selbst geglaubt hat und die ihm dazu verhalf, sich nach seinem menschenverachtenden Auftreten in Hamburg einige Jahre später und 65 Kilometer weiter östlich in Lübeck eine zweite, dieses Mal human erscheinende Identität zu schaffen. Über seine frühere Hamburger Tätigkeit heißt es dort: „Nach seiner Beförderung zum Studienrat übernahm er im Laufe der Jahre eine Reihe wichtiger Tätigkeiten in der Verwaltungsarbeit der Hamburger Schulbehörde." Hamburg habe seinen Lebensweg in mehr als 30 Jahren „mit hohen beruflichen Erfolgen [...] und nach dem Zusammenbruch im Jahre 1945 mit bitteren Enttäuschungen geprägt".[271]

4.11 Doppelte Identität: die Henze-Legende und ihr Weiterleben in der Schulgeschichte

Den Lebensweg Henzes weiter zu verfolgen, führt darum zu wichtigen Erkenntnissen, weil er als einziger der vier Leiter der Hamburger Schulverwaltung zwischen 1933 und 1945 ein langes Leben nach der Diktatur gehabt hat. Seine Vita lässt sich in zwei Hälften unterteilen, die durch den Epocheneinschnitt von 1945 voneinander getrennt werden. Jeder der beiden Teile dieses Lebens repräsentiert eine Identität, die mit der des anderen Teils wenig gemein hat. Es wird daher in dieser Untersuchung von einer „doppelten Identität" gesprochen, die in dieser Deutlichkeit bei keiner anderen führenden Person des Schul- und Bildungswesens auftritt. Henze fasste nach dreijähriger Internierung, einem für ihn sehr günstigen Ausgang zweier Spruchkammerverfahren – in Bielefeld 1948 und in Hamburg 1949[272] – sowie einem Interim von weiteren drei Jahren wieder im Schulwesen Fuß: Durch einen namentlich leider nicht bekannten früheren Mitarbei-

[271] OzD Oberschule zum Dom, 35. Jg., Ferien-Sondernummer 1965, S. 6: „Studienrat Henze – 65 Jahre" (Laudatio von Bruhn mit kurzem *curriculum vitae*).

[272] StAHH, 131-15 Senatskanzlei – Personalakten, C 621.

ter des Reichsschulungsamtes der NSDAP, einen „alten Kameraden" also, verschaffte er sich Zugang zur Lübecker Oberschule zum Dom und deren Leiter Paul Thomas Rihn.[273] Der war selbst nicht durch nationalsozialistische Verwicklungen belastet, wohl aber sein dienstlicher Vorgesetzter, der ehrenamtliche[274] Schulsenator (1951–1954) Helmut Lemke, späterer Ministerpräsident des Landes Schleswig-Holstein.[275] Ihm verdankte Henze wohl auch, dass die Beauftragung als Vertretungslehrer für Deutsch, Geschichte und Leibesübungen im Angestelltenverhältnis dem Kieler Kultusministerium erst nachträglich zur Kenntnis gebracht wurde.[276] So gelang es Henze, durch so genannte „Kettenverträge" 23 Jahre als Lehrer an der Oberschule zum Dom tätig zu sein. Die Laudatio von 1965 nennt ihn einen „Lehrer aus Berufung", der aufgrund seiner großen pädagogischen Erfahrung ständig in der Oberstufe eingesetzt worden sei und fünfmal eine Klasse zum Abitur geführt habe. Fachliches Können, eine positive Lebenseinstellung und eine Haltung als vertrauensvoller, väterlicher Freund seiner Schüler, Hilfsbereitschaft und Lauterkeit seines Charakters seien kennzeichnend für ihn.

Als Klassenlehrer einer Oberprima der OzD hielt Albert Henze am 1. März 1962, also 20 Jahre nach seinem Aufstieg zum Diktator der Hamburger Schulverwaltung und zum Exekutor des totalen Krieges im Schulbereich, die Festrede zur Feier der Abiturienten-Entlassung[277] – für junge Menschen, die zu der Zeit geboren waren, als Henze die Hamburger Swing-Jugend verfolgt hatte, jetzt umrahmt von Chor- und Instrumentalmusik und abgeschlossen mit dem gemeinsamen Lied „Brüder, reicht die Hand zum Bunde". Diese Ansprache stellt zugleich eine aufschlussreiche Selbstdarstellung Henzes dar. Zusammen mit seinen Kollegen habe er sich, führte Henze aus, vor allem bemüht, die jungen Menschen „charakterlich zu formen und saubere, wahrheitsliebende und selbstbewusste Jungen zu erziehen". Der Weg der Freiheit, der den jungen Menschen nun offen stehe, führe ins Ungewisse, denn die Freiheit sei stets bedroht: „Ihr kennt aus Goethes Egmont das

---

[273] Über ihn: Archiv der Hansestadt Lübeck, 31-1 Personalamt, Nr. 242/75.

[274] Nach Archiv der Hansestadt Lübeck, 4-10 Hauptamt, Nr. 351 (zum Datum 24.5.1951) wurde die Lübecker Schulverwaltung damals „bis auf weiteres" noch ehrenamtlich geführt.

[275] Hierzu: Archiv der Hansestadt Lübeck, 4-10 Hauptamt, Nr. 349; Lübecker Freie Presse vom 21.5.1951; Lübecker Nachrichten vom29.5.1951.

[276] Landesarchiv Schleswig-Holstein, Abt. 811 Nr. 41849.

[277] OzD Oberschule zum Dom, 32. Jg., Nr. 1 vom 10.4.1962, S. 6–8.

Wort Albas: ‚Freiheit? Ein schönes Wort, wer's recht verstünde. Was wollen sie für Freiheit? Was ist des Freiesten Freiheit?' Und Alba gibt selbst auf seine letzte Frage eine Antwort: ‚Recht zu tun!'" Weitere Bezüge suchte und fand Albert Henze in der Genesis, bei Huldrych Zwingli und John Steinbeck für sein Fazit: „Freiheit ist mit dem Wesen des Menschen unlösbar verbunden. Jeder hat die Freiheit der Wahl zum Guten wie zum Bösen, zum Rechten wie zum Unrechten." Jeder solle sich ernsthaft Gedanken darüber machen, auf welcher Grundlage er sein Leben aufzubauen gedenke, denn von der offenen und ehrlichen Beantwortung dieser Frage hänge die menschliche Existenz ab. Als wenn er Rückblick auf die eigene schreckliche Vergangenheit hielte, mahnte Henze mit Aristoteles die Verantwortung des Menschen als *zoon politikon* für die Gemeinschaft an: In sie sei jeder „vom Schicksal hineingestellt, für das Land, in dem seine Wiege stand, für das Volk, dessen Sprache er spricht und dessen Lieder er singt. [...] Dass der Mensch sich seiner Verantwortung bewusst wird, ist Sache der Erziehung und Bildung, dass er sich ihr mutig stellt, ist Sache des Charakters, und dass er sie mit Freuden trägt, ist Sache des Herzens." Der „Ohne-mich-Standpunkt" sei älter als die Bonner Bundesrepublik, Ablehnung des Staates und die Missachtung des öffentlichen Lebens hätten schon früher zum guten Ton gehört.

> „Nur eines müssen wir bedenken: Was Obrigkeitsstaat und Diktatur verkraften konnten, ist für uns heute tödliche Gefahr geworden. Der ‚Ohne-mich-Standpunkt' gefährdet nicht nur unsere politische, das heißt staatliche Existenz, sondern, was uns alle viel schwerer trifft, unsere Existenz als Volk, als Nation. Nicht durch Eure Schuld sind wir Deutsche in diese anscheinend ausweglose Situation gekommen. Dafür könnt Ihr die verantwortlich machen, die vor Euch waren."

„Wir" seien im Begriff, der Idee Deutschland gegenüber in Gleichgültigkeit und Egoismus zu versinken. Und so fragt Henze: „Was werden wir Deutsche sein, wenn wir uns einst wiederfinden?" Er schloss mit Versen aus Johann Gottlieb Fichtes Gedicht „An die Deutschen", das seit dem Ersten Weltkrieg des Öfteren bei völkischen Feierlichkeiten Verwendung fand:[278]

---

[278] Zum Beispiel mussten Jugendliche dieses Gedicht Anfang der 20er Jahre bei Konfirmationen des Flensburger Pastors Friedrich Andersen, Gründer des antisemitischen „Bundes für Deutsche Kirche", sprechen (Nordelbische Kirchenzeitung Nr. 7 vom 9.2.2003).

„Du sollst an Deutschlands Zukunft glauben,
an Deines Volkes Aufersteh'n!
Lass diesen Glauben Dir nicht rauben,
trotz allem, allem, was gescheh'n!
Und handeln sollst Du, als hinge
von Dir und Deinem Tun allein
das Schicksal ab der deutschen Dinge
und die Verantwortung wär' Dein!"

„Jeder hat die Freiheit der Wahl zum Guten wie zum Bösen, zum Rechten wie zum Unrechten", sagte Henze seinen Abiturienten. Galt das auch für ihn persönlich? Er selbst bilanzierte nach seinem 75. Geburtstag sein Leben als „Pflichterfüllung", in der Sprachgebarung auffällig und verräterisch durch die Verwendung des Wörtchens „man", weil sie Henzes Verantwortlichkeit und Schuld anonymisiert und dadurch verdrängt. Er habe sich „in jeder Richtung" bemüht, „stets ohne Seitenblick auf den Verdienst dort meine Pflicht zu tun, wohin man mich gestellt hat und wo man glaubte, mich am besten brauchen zu können". Getragen von einem Lamento über den Misserfolg seines Versuchs, die Beamtenrechte wiederzubekommen und mit ihnen die Beamtenpension, stellte sich der alt gewordene frühere „Bilderbuchnazi" (Elisabeth von der Lieth)[279] die Frage: „Was habe ich nur verbrochen, dass ich so hart bestraft werden soll? Was soll der gerechte Lohn sein für alle Mühen, Strapazen, Entbehrungen und aufopfernde Tätigkeit?" Henze nennt dabei die verschiedenen Perioden seiner beruflichen Tätigkeit, subsumiert aber seine inhumane Periode der Indoktrinierung mit nationalsozialistischem Gedankengut als Gauschulungsleiter, der Absetzung von Lehrern und der Verfolgung und Inhaftierung von Hamburger Jugendlichen unter „ein halbes Jahrhundert lehrender und erzieherischer Tätigkeit im schulischen Dienst".

„Alles wäre leichter zu ertragen und als gerechter anzusehen, wenn nur die leiseste Schuld nachgewiesen werden könnte. Warum musste ich drei Jahre hinter Stacheldraht? (Weil ich ein höheres Amt im NS-Staat innegehabt habe.) Warum durfte ich jahrelang nur niedrigste

[279] Über Elisabeth von der Lieth siehe Uwe Schmidt (1999), S. 601–606: Rationale Pädagogik: Elisabeth von der Lieth; Uwe Schmidt: Abschied von Elisabeth von der Lieth (1918–2002), in: Blickpunkt Bildung, Nr. 1, Februar 2003, S. 30–31.

Arbeiten verrichten und nicht wieder in den Staatsdienst? (Weil ich für meinen Staat getreu meinem Diensteid wie Millionen andere Beamte meinen Dienst getan und mich gegen jede Trennung und Beförderung in Partei und Staat persönlich (mündlich und schriftlich) mit Händen und Füßen gewehrt habe. Aber Befehl war Befehl – und Dienst war Dienst!)."

Henze hatte die eigene Vernunft als normative Instanz ersetzt durch den Willen des Führers und der in seinem Namen befehlenden Gefolgsleute. Auf ihn passt daher die von Hannah Arendt zitierte[280] Neuformulierung des Kategorischen Imperativs im „Dritten Reich" durch Hans Frank: „Handle so, dass der Führer, wenn er von deinem Handeln Kenntnis hätte, dieses Handeln billigen würde."[281] Andere, ehrlicher klingende Töne sind zu vernehmen, wenn Henze unmittelbar hierauf seine „schwerste seelische Belastung" beklagt, weil er seine Familie („durch meine politische Tätigkeit und meine Entscheidung") in furchtbare Not und Verfolgung gebracht und seinen Kindern die Berufschancen (Abitur und Studium) verbaut habe. Seit 1945 habe ihm seine Frau immer wieder vorgeworfen, für die Situation der Familie trage er die Verantwortung. Henze geht hier so weit, sich und seine Familie als angeblich „Systemgeschädigte" mit Naziverfolgten zu vergleichen: „Wenn hier jemand hätte entschädigt werden können, dann wäre wohl meine Familie ein gerechterer Fall geworden als viele andere."[282]

Dem früheren überzeugten und fanatischen Nationalsozialisten waren die Maßstäbe abhanden gekommen für das, was „gerecht" ist. Die beiden Zitate, mit denen Henze seine Lebensbilanz abschließt, sind daher nicht glaubhaft, sie wirken aufgesetzt und theatralisch: „Ich habe die Gerechtigkeit geliebt und das Unrecht gehasst. Darum sterbe ich in der Verbannung" (Papst Gregor VII.) und „Alles prüfe der Mensch, sagen die Himmlischen, dass er, kräftig genährt, danken für alles lernt, und verstehe die Freiheit aufzubrechen, wohin er will" (Friedrich Hölderlin). In geradezu prototypischer Weise entspricht Henzes Selbstdarstellung den kollektivpsychologi-

---

[280] Hannah Arendt: Eichmann in Jerusalem. Ein Bericht von der Banalität des Bösen, München 1964, S. 174–175.

[281] Hans Frank: Technik des Staates, Berlin 1942, S. 15–16.

[282] Landesarchiv Schleswig-Holstein, Abt. 811 Nr. 43195, „Rückblick und Ausblick". Aus dem Inhalt lässt sich als Zeit der Abfassung der Juli 1975 erschließen.

schen Kriterien, die Alexander und Margarete Mitscherlich zur gleichen Zeit zur Erhellung der deutschen „Vergangenheitsbewältigung“ entwickelt haben:[283] Personale Verantwortung, Schuld und Fehlverhalten lassen sich in retrospektiver Selbstrechtfertigung abschütteln, indem man sich auf eine allgemeine Befehlskette beruft, die einen jeden Einzelnen in seinen Sog ziehenden, alle und alles entschuldenden Befehlsnotstand ausgelöst habe. „Die Gefühle reichen nur noch zur Besetzung der eigenen Person, kaum zu Mitgefühlen irgendwelcher Art aus.“ Umgedeutet wird auf diese Weise nachträglich, dass eine selbstliebende Realitätsvergessenheit die Person der ersten Identität dazu angehalten hatte, bedenkenlos das zu tun, was der „Führer“ befohlen hatte, ein Führer, dem Henze wie viele andere gottgleiche Attribute zugesprochen hatte. Diese erste Identität Henzes als „Bilderbuchnazi“ mit großer Machtfülle und inhumaner Machtausübung ist traumartig versunken, durch eine „zweite Identität“ ersetzt worden. Die eigene schuldhafte Vergangenheit wird entwirklicht, indem Henze sich aus allem lust- oder unlustvollen Beteiligtsein an dieser Vergangenheit zurückzieht. Als „entschuldbarer“ Rest ist nur noch das „Befehl war Befehl“ übriggeblieben. Damit zeigt Henze auf andere, nicht auf sich selbst. Über seine eigenen Anteile am Zustandekommen seiner Berufs- und Parteikarriere und über das, was durch sie ausgelöst wurde, hat er sich nie Rechenschaft abgelegt.

4.12 Erinnerungskultur

Henzes Wirkungsstätte nach dem Nationalsozialismus, die Lübecker Oberschule zum Dom, beging im Jahre 2005 ihr 100-jähriges Bestehen. Sie wurde am 8. Februar 2005 rechtzeitig und deutlich vor Fertigstellung der Jubiläumsfestschrift auf das „Thema Henze“ hingewiesen. Sie hätte unschwer den eigens für die OzD geschriebenen Aufsatz „Albert Henze, ein liebenswerter und stets hilfsbereiter Lehrer an der OzD, ein smarter ‚Bilderbuchnazi‘ und Verfolger von Jugendlichen im ‚Dritten Reich‘ – die doppelte Identität eines Pädagogen“ in ihre Jubiläumsverlautbarungen aufnehmen

---

[283] Alexander Mitscherlich / Margarete Mitscherlich: Eine deutsche Art zu lieben, München 1970, S. 42, 92 und 47 (überarbeitetes erstes Kapitel des 1967 erschienenen Werkes *Die Unfähigkeit zu trauern. Grundlagen kollektiven Verhaltens*).

und sich dadurch einem problematischen Kapitel ihrer Vergangenheit stellen können. Sie hat es nicht getan und bleibt damit jetzigen und ehemaligen Schülerinnen und Schülern, Eltern und der Öffentlichkeit ein Stück wichtiger Aufklärung schuldig.[284] Fehlte es den Lübeckern an Mut? Wollten sie einer ganzen Generation von Schülern, welche diesen Lehrer erlebt hatten, nicht die Konfrontation mit diesem Stück Vergangenheit zumuten und ihnen damit die Freude am Fest verderben? Hamburger Schulen wie das Johanneum, das Wilhelm-Gymnasium und die Gymnasien Eppendorf und Kaiser-Friedrich-Ufer sowie das Volksdorfer Walddörfer-Gymnasium haben sich ihrer eigenen Vergangenheit mutiger und offener gestellt.[285] Der Hamburger Schulpotentat Albert Henze, enger Vertrauter prominenter Nationalsozialisten, ist ein zu wichtiges Beispiel für den Verlust an humaner Orientierung (Ralph Giordano),[286] als dass er in Vergessenheit geraten darf.

[284] Die zum Jubiläum herausgegebene Festschrift (100 Jahre Oberschule zum Dom 1905–2005, Lübeck 2005) nennt nur zweimal den Namen Henze: Ein Abiturient von 1979 nennt Albert Henze als seinen Lehrer in Geschichte (S. 44); der Name des Abiturienten von 1957 Rolf Henze (S. 191) bezeichnet keinen der drei Söhne Albert Henzes (siehe Landesarchiv Schleswig-Holstein, Abt. 811 Nr. 41849). Die Schulgeschichte zur Zeit des Nationalsozialismus wird auf S. 75–89 behandelt.

[285] Symposion. Festschrift zum 475-jährigen Jubiläum der Gelehrtenschule des Johanneums, hg. von Christine von Müller, Uwe Petersen und Uwe Reimer, Hamburg 2004; Wilhelm-Gymnasium Hamburg 1881–1981. Eine Dokumentation über 100 Jahre Wilhelm-Gymnasium, hg. von Peter-Rudolf Schulz, Hamburg 1981; Einhundert Jahre Gymnasium Eppendorf, Hamburg 2004; Walddörfer-Gymnasium 1930–2005, Hamburg 2005.

[286] Zum Terminus „Verlust der humanen Orientierung“: Ralph Giordano: Die zweite Schuld oder von der Last, ein Deutscher zu sein, Hamburg 1987, S. 29–68, aufgenommen von Lutz van Dick: Oppositionelles Lehrerverhalten 1933–1945. Biographische Berichte über den aufrechten Gang von Lehrerinnen und Lehrern, Weinheim und München 1988, S. 20–21.

5 Der Nothelfer: Ernst Schrewe

5.1 Der Auftrag des Gauleiters

Er sei quasi „über Nacht hier in der Schulverwaltung eingezogen" und durch den Auftrag des Gauleiters überrascht worden, schrieb Ernst Schrewe vier Monate nach dem Beginn seiner Tätigkeit in der Nachfolge Albert Henzes als Leiter der Schulverwaltung. Er habe sich zunächst gegen die Übernahme der Aufgabe gesträubt, doch nun beginne ihm die Tätigkeit Freude zu machen.[287] Henze hatte am Ende seiner Amtszeit im Hamburger Schulwesen einen Trümmerhaufen hinterlassen – in des Wortes doppelter Bedeutung: Hamburgs Schulwesen, so wie es bis zum Juli 1943 bestanden hatte, gab es nicht mehr, und in die noch verbliebenen Schulen waren Zerstörung, Niedergang, Leistungsverfall, Provisorien, Hoffnungslosigkeit und Not eingezogen. Möglicherweise hatte Kaufmann ein Gespür dafür, dass ein Machtmensch wie Albert Henze nicht die geeignete Person war, dieses Chaos zu bändigen.

Der mit Albert Henze etwa gleichaltrige Ernst Schrewe war von 1922 bis 1928 Volksschullehrer gewesen, hatte danach Volkswirtschaft studiert und 1932 mit dem Dr. rer. pol. abgeschlossen.[288] Seit 1933 hatte er Kurse an der Volkshochschule abgehalten,[289] 1936 wurde ihm als Nachfolger von Heinrich Haselmeyer – zunächst provisorisch, 1937 bis 1944 endgültig – deren Leitung übertragen.[290] Außerdem hatte er als Assistent am Sozialökonomi-

[287] StAHH, 361-3 Schulwesen – Personalakten, A 2149 (zum Datum 22.12.1943).

[288] StAHH, 131-15 Senatskanzlei – Personalakten, C 685; 361-6 Hochschulwesen – Dozenten- und Personalakten, IV 1467.

[289] Zur Volkshochschule im „Dritten Reich": Regina Siewert: Demokratie braucht Bildung – Der Grundimpuls der Hamburger Volkshochschule 1919, in: Demokratie braucht Bildung, Bildung braucht Demokratie. 75 Jahre Uni, HÖB, VHS, Volksbühne Hamburg, hg. von Helga Kutz-Bauer, Hamburg 1994, S. 73–105, besonders S. 86–92.

[290] Zu Ernst Schrewe: Siewert (1994), S. 90–91; Rainer Nicolaysen: Siegfried Landshut. Die Wiederentdeckung der Politik. Eine Biographie, Frankfurt a. M. 1997, S. 176 und 186. Schrewes Vorgänger Haselmeyer war wegen Trunkenheit bei einem öffentlichen Auftritt in den Niederlanden aus der NSDAP ausgeschlossen worden.

schen Seminar der Hamburger Universität gearbeitet. Seine Habilitation im Jahre 1939 erfolgte, wie es heißt, unter relativ zurückhaltender Beurteilung durch die Gutachter „nicht ganz problemlos", doch wurden seine „ausgezeichneten dozentischen Fähigkeiten" gelobt. Genannt wurden außerdem Lehrstuhlvertretungen in Rostock und Göttingen sowie Stellvertreteraufgaben im Reichspropagandaamt Hamburg.[291] 1940 leitete Schrewe das Hamburger Gaupropagandaamt,[292] 1942 bis 1943 nahm er an der Universität Hamburg eine außerordentliche Professur für Volkswirtschaftslehre wahr.

Schrewe, der im Vergleich zu seinem Vorgänger als Leiter der Schulverwaltung einen mehr pragmatischen Kurs steuerte, war weitaus mehr als nur ein „Mitläufer" des Regimes. Vor 1933 hatte er der DNVP und den rechtsextremistischen Organisationen Stahlhelm und Bismarckjugend angehört, am 1. Mai 1933 trat er der NSDAP bei. Wie Wilhelm Schulz und Albert Henze gehörte er zur „Gauclique" Karl Kaufmanns[293] und war sein Protegé. Im Arbeitsplan der von ihm geleiteten Volkshochschule standen Vorlesungen über Rassenpolitik an erster Stelle, doch enthalten seine überlieferten Reden keine explizit antisemitische oder judenfeindliche Stoßrichtung. Sein Debut als nationalsozialistischer politischer Redner gab Schrewe auf NSLB-Versammlungen mit dem Thema „Die Grundkräfte des Nationalsozialismus".[294] Der Nationalsozialismus habe, so legte er dar, den „Instinkt für das Gesunde, für das Lebenstüchtige, das Echte" wiederbelebt und die „Fesseln des Zweifelns, der Kleingläubigkeit und der Verzagtheit abgeschüttelt". Gegenüber den Kräften der Tat und Gestaltung führe der zerlegende und zergliedernde Verstand allzu oft zur Auflösung lebensnotwendiger Zusammenhänge. Hilfreich seien aber nicht „entrüstete Proteste"

---

[291] Marie-Elisabeth Hilger: Das Sozialökonomische Seminar, in: Hochschulalltag im „Dritten Reich". Die Hamburger Universität 1933–1945, hg. von Eckart Krause, Ludwig Huber und Holger Fischer, Berlin und Hamburg 1991, Teil II, S. 953–979, hier S. 964.

[292] StAHH, 351-10 I Sozialbehörde I, VT. 38.10 (genannt als Leiter am 25.7.1940).

[293] Diesen Ausdruck verwendet Frank Bajohr zur Charakterisierung der persönlichen Machtbildung Kaufmanns. Frank Bajohr: Hamburgs „Führer". Zur Person und Tätigkeit des Hamburger NSDAP-Gauleiters Karl Kaufmann (1900–1969), in: Hamburg im Dritten Reich. Sieben Beiträge, hg. von der Landeszentrale für politische Bildung, Hamburg 1998, S. 119–148, hier S. 126.

[294] Am 29.8.1934 in der Richard-Wagner-Schule (Hamburger Tageblatt vom gleichen Tag), am 16.10.1934 in der Jahnschule (HLZ, Nr. 40/1934, S. 582) und am 25.1.1935 im Deutschen Haus Ochsenwerder (Hamburger Tageblatt vom 18.1.1935).

abseits stehender Intellektueller, die darunter litten, dass „man“ ihnen nicht genügend Aufmerksamkeit zolle. Gefordert sei vielmehr „eine Haltung, die Ausdruck der Verbundenheit mit den gesunden Kräften des Volkes ist“. Eine „Geistigkeit, die den gesunden, völkischen Lebenswillen ablehnt“ – exemplarisch hierfür sei das Kaffeehaus mit seiner „Niggermusik“ –, sei abzulehnen. Der Nationalsozialismus sei ein Aufstand des Gesunden gegen das Kranke, des Lebensbejahenden gegen die Verneinung und Zersetzung. Schrewe forderte darum die innere Bereitschaft zur Eingliederung in die Partei.[295] Als Dozent des Instituts für Lehrerfortbildung behandelte Schrewe die Themen „Neuer Geschichtsunterricht“ und „Staat und Wirtschaft im Dritten Reich“.[296] Ein Buch des neogermanischen Glaubenskünders Arno Deutelmoser, *Luther, Staat und Glaube*, war ihm eine Besprechung in einer nationalsozialistischen Zeitschrift wert.[297]

Als Schrewe sich 1941 mit dem Gedanken trug, Hamburg zu verlassen, um anderenorts eine attraktive Position zu übernehmen, setzte sich sein Protektor Karl Kaufmann nachdrücklich für sein Verbleiben in Hamburg ein. Schrewe bekleide „schon jetzt bereits im öffentlichen Leben und in der Partei“ eine bedeutende Stellung. Hierfür mag Schrewes Beteiligung an einem zehnteiligen Schulleiterlehrgang des NSLB im November 1942 unter der Leitung von Albert Henze stehen, wo Schrewe das Thema „Die Grundlagen der europäischen Großraumordnung“ behandelte.[298] Wie seine Vorgänger Wilhelm Schulz und Albert Henze verdankte auch Schrewe seine Berufung in die Schulverwaltung dem Machtspruch Karl Kaufmanns.[299]

5.2 Notmaßnahmen und Improvisationen

Die ersten noch von Albert Henze einberufenen Konferenzen der Schulverwaltung nach der Hamburger Juli-Katastrophe konnten noch im Sitzungssaal des unzerstörten Gebäudes der Schulverwaltung, Dammtorstraße 25,

[295] Hamburger Tageblatt vom 23.7.1934, Artikel „Die Intellektuellen“.

[296] StAHH, 362-10/7 Schwerhörigenschule, Lehrkräfte (ungeordnete Bestände).

[297] Niederdeutsche Warte, Nr. 9/1937 (September 1937), S. 20.

[298] StAHH, 362/2-5 Emilie-Wüstenfeld-Schule, Personalakte Hans Lüthje.

[299] Hilger (1991), S. 961.

stattfinden. Hier wurde erst das ganze Ausmaß der Zerstörung des Hamburger Schulwesens greifbar. Ob der Schulbetrieb überhaupt wieder anlaufen würde, war fraglich. Dann beschlagnahmte – den Prioritäten der Diktatur gemäß – die Geheime Staatspolizei das Gebäude. Die Schulverwaltung musste für fast fünf Monate in das Gebäude der Finanzbehörde am Gänsemarkt umziehen.[300] Um die Schulverwaltung dennoch wieder in Gang zu setzen, wurden ihre Abteilungen zeitweilig dezentral in die Ortsämter von Eppendorf, Altona, Harburg und Wandsbek verlegt.[301] Kriegsbedingt wurde am 24. April 1944 die äußere Schulverwaltung auf die regionalen Kreisverwaltungsämter (also unter anderem die Schulämter Altona, Harburg und Wandsbek) übertragen.[302] Die nach der Juli-Katastrophe von 1943 vorgenommene Kreiseinteilung Hamburgs, nach 1945 Grundlage der sieben Hamburger Bezirke,[303] bestimmte zu einem Teil auch die Administration der Schulverwaltung. Es sei, so hieß es am 25. Februar 1944 für die Oberschulen, ohnehin „zwecklos, sich an die vor den Sommerferien 1943 […] bestandenen Schulbezirke zu klammern, da Hamburg nach dem Kriege ein vollständig neues Gesicht bekommen wird. Die Verlagerung der Wohngebiete wird auch eine Verlagerung der Schulbezirke bedingen."[304] Grundsätzlich war der politische Leiter des Kreises, also ein hochrangiger Funktionär der NSDAP, der staatlichen Administration vorgeordnet, ohne dass dieses jemals formal und damit klar und konfliktfrei geregelt worden wäre.[305] Die Improvisationen seit August 1943 verstärkten nur die Tendenzen, die seit Kriegsbeginn ohnehin zu einem Rückzug der Schulverwaltung gegenüber der Usurpation weiter Teile der Einrichtungen des öffentlichen

---

[300] StAHH, 361-2 VI Oberschulbehörde VI, 807; StAHH, 361-7 Staatsverwaltung – Schul- und Hochschulabteilung, 4000-80 (erste Konferenz der Schulverwaltung nach dem Hamburger Feuersturm im Sitzungssaal Dammtorstraße 36 am 6.8.1943; erste Besprechung mit den Leitern der Oberschulen im Sitzungssaal der Finanzbehörde, Gänsemarkt 36, am 19.8.1943); StAHH, 362-10/1 Hilfsschule Carsten-Rehder-Straße, 4 (Wiedereinzug der Schulverwaltung in das Dienstgebäude Dammtorstraße 25 am 3.1.1944). Vgl. Uwe Schmidt (1999), S. 410.

[301] StAHH, 362-1 VI Oberschulbehörde VI, 644 (zum Datum 30.8.1943).

[302] StAHH, 362-2 VI Oberschulbehörde VI, 645; StAHH, 362-10/1 Hilfsschule Carsten-Rehder-Straße, 4 (am 10.7.1945 wieder aufgehoben).

[303] Hierzu siehe Lohalm, Modell (2005), S. 147–150.

[304] StAHH, 362-2/14 Wichernschule, 5.

[305] Lohalm, Modell (2005), S. 151.

Lebens durch die Partei geführt hatten. Als zum Beispiel mit Kriegsbeginn die Gemeindeschule Farmsen für zweieinhalb Wochen geschlossen wurde, da das Schulgebäude durch verschiedene Institutionen von Staat und Partei beansprucht wurde, mussten die Lehrerinnen und Lehrer täglich von 8 bis 9 Uhr in der Schule erscheinen und hatten sich dort der Ortsgruppe der NSDAP zur Verfügung zu stellen und von ihr Anweisungen entgegenzunehmen.[306]

5.3 Schrewes formale Position in der Verwaltungshierarchie der Diktatur

Als faktischer Nachfolger Albert Henzes trat Schrewe seinen Dienst in der Schulverwaltung in der Position eines Senatssyndikus (vergleichbar dem heutigen Staatsrat) an. Landgerichtsdirektor Hasso von Wedel als allgemeiner Vertreter des Senatssyndikus der Schulverwaltung in allen Verwaltungsangelegenheiten wurde ihm an die Seite gestellt.[307] Seine Verankerung in der Verwaltungshierarchie war auch weiterhin mehr informeller und gradueller Art und beruhte auf Absprachen, ohne dass Schrewe jemals eine aufgabengemäße Amtsbezeichnung erhielt. Die Akten geben mehr retrospektiv Auskunft darüber, welche Kompetenzen dem De-facto-Leiter der Schulverwaltung inzwischen übertragen worden waren. Der im Senatsgremium für das Schulwesen zuständige Senator Friedrich Ofterdinger „bestellte" Schrewe zu seinem „allgemeinen Vertreter" als Leiter der Abteilung 4a (Schulwesen der Staatsverwaltung), eine Position, die bis zu seinem Ausscheiden Wilhelm Schulz innegehabt hatte.[308] Leiter der Schulverwaltung für den zum Wehrdienst eingezogenen Senator Witt und in Vertretung für den erkrankten Landesschulrat Schulz, hieß es am 15. Februar

---

[306] StAHH, 362-3/33 Gemeindeschule Farmsen, 1 Band 4. Es wurde, wie es heißt, den Lehrern besonders zur Pflicht gemacht, sich um das Benehmen der Schuljugend außerhalb der Schule zu kümmern.

[307] StAHH, 362-2/14 Wichernschule, 5; StAHH, 362-2/36 Gymnasium Klosterschule, 202 (zum Datum 10.9.1943). Nach Nr. 7 der Geschäftsordnung erhielt Ernst Schrewe als Senatssyndikus ein Sonderreferat.

[308] StAHH, 361-2 VI Oberschulbehörde VI, 10 (zum Datum 30.12.1943).

1944, sei Senatssyndikus Schrewe.[309] Damit führte auch Schrewe die beiden 1938 getrennten Positionen wieder zusammen, ein Hinweis darauf, dass diese Aufteilung unfunktional und für die Praxis nicht tauglich gewesen war. Zu diesem Zeitpunkt verabschiedete sich Senator Friedrich Ofterdinger vom Schulwesen. Der Reichsstatthalter hatte ihn von dem 1942 erteilten Auftrag zur Leitung der Schulverwaltung entbunden und zu seinem Nachfolger Ernst Schrewe bestellt.[310] Schrewe nahm also nun auch „auf höherer Etage" die Funktionen wahr, die ihm bislang formal übergeordnet gewesen waren. Nach seiner Rückkehr vom Kriegsdienst übernahm Karl Witt am 1. Januar 1945 wieder die Leitung der Schulverwaltung, und Schrewe sollte ihn in den ihm zugewiesenen Aufgaben beraten.[311] Im Chaos der letzten Kriegsmonate ist nicht deutlich erkennbar, ob Schrewe dennoch als „bestellter" Nachfolger von Senator Ofterdinger in seiner Funktion als Leiter der Schul- und Hochschulabteilung der Staatsverwaltung dem wieder tätigen Leiter der Schulverwaltung vorgeordnet war. Jedenfalls war Schrewe am 26. Februar 1945 noch der Berichterstatter im Beirat der Schulverwaltung,[312] vermutlich auch, weil nur er den erforderlichen Sachverstand mitbrachte. Am 16. Februar 1945 hatte er Bürgermeister Krogmann über Mängel beim Kriegseinsatz der Schüler informiert und eine Überprüfung der Arbeitsorganisation angeregt.[313]

5.4 Die Verwaltung und Gestaltung des erhalten Gebliebenen

Schrewe war sich darüber im Klaren, dass es nicht möglich sein würde, den Unterrichtsbetrieb in der bisherigen Weise fortzuführen, nachdem der Reichsstatthalter nach anfänglichem Zögern seine Zustimmung zur Wiederaufnahme des Unterrichts in den Randgebieten gegeben hatte. Generel-

[309] StAHH, 131-15 Senatskanzlei – Personalakten, C 685.

[310] StAHH, 361-2 VI Oberschulbehörde VI, 3078 Band 2 (zum Datum 25.2.1944).

[311] StAHH, 362-3/25 Volksschule für Jungen Lagerstraße, 512 Band 1.

[312] StAHH, 361-2 VI Oberschulbehörde VI, 53 (der bisherige interimistische Leiter Ernst Schrewe findet erstmalig anerkennende Worte für private Initiativen der Beschulung).

[313] StAHH, 361-2 VI Oberschulbehörde VI, 1525.

le Anordnungen der Behörde durchzusetzen erschien schwierig. Schrewe gab daher zur Notorganisation des noch verbliebenen Schulwesens bekannt, die Schulleiter sollten von Fall zu Fall selbst entscheiden, was zu tun sei.[314] Dennoch war seine Einsetzung mit einer Erwartungshaltung des Reichsstatthalters und seiner Machtgruppierung verbunden: Schrewe sollte die zur Rückkehr nach Hamburg bestrebten Eltern und ihre Kinder von Hamburg fernhalten und so das noch verbliebene Schulwesen entlasten. Schrewe verbot daher den Schulen in den Rand- und Landgebieten, Schüler aus dem Stadtinneren aufzunehmen. Ebenso wenig solle die Rückführung von Kindern aus der KLV in die Randgebiete geduldet werden.[315] Der neue Leiter der Schulverwaltung ordnete einen „Appell" an, zu dem die Schülerinnen und Schüler des unbeschulten Stadtgebietes am 11. September 1943 zu erscheinen hatten, für den Fall der Zerstörung ihres Schulgebäudes an einer anderen Schule. Hauptzweck dieser Aktion war die Werbung für die erweiterte KLV.[316] Diese Appelle wurden bis in die letzten Kriegsmonate periodisch wiederholt und fanden bei näherrückenden Fronten ein immer geringeres Echo. *De facto* wurde es für die Schulleiter der stillgelegten Schulen immer schwerer, sich ein genaues Bild über den Schülerbestand ihrer Schule zu verschaffen, und die Schulverwaltung hatte noch weniger Überblick: Eltern verzogen nach auswärts oder in andere Stadtteile, ohne ihre Kinder abzumelden, zu den von der Schulverwaltung angeordneten Schulappellen erschien nur ein geringer Teil der Schüler.[317]

---

[314] StAHH, 362-2/14 Wichernschule, 5 (zum Datum 15.10.1943).

[315] StAHH, 362-2/36 Gymnasium Klosterschule, 718 und 346. Am 17.9.1943 teilte die Schulverwaltung den Schulleitern mit: Schüler, die ohne Genehmigung der Kreisleitung aus der KLV nach Hamburg zurückgekehrt waren, seien zunächst nicht aufzunehmen. Dass dieses – in Auslegung des „zunächst" – nicht eingehalten wurde, habe ich als KLV-Schüler einer 5. Klasse der Walddörferschule persönlich erlebt. Wir wurden trotz dieses Verbots von unseren Eltern nach Hamburg zurückgeholt und wieder in unsere Schule eingegliedert.

[316] Schrewe konnte sich auf eine vorherige Sanktionierung seiner Maßnahmen durch den Reichsstatthalter stützen. Kaufmann genehmigte am 10.9.1943 die Wiederaufnahme des Schulunterrichts in den Randgebieten. Schüler aus dem Innenstadtbereich durften nicht aufgenommen, die Zuwanderung nach Hamburg sollte verhindert werden. Die Evakuierung von Kindern und Jugendlichen durch KLV-Maßnahmen sollte verstärkt werden (StAHH, 362-2/36 Gymnasium Klosterschule, 346).

[317] Hierauf weist der sehr sorgfältig und genau berichtende Schulleiter der Hilfsschule Hafenstraße 30, Ernst Möller, in seiner Schulchronik hin (StAHH, 362-10/1 Hilfsschule Carsten-Rehder-Straße, Ablieferung 2001/1, Schulchronik der Hilfsschule Hafenstraße 30, S. 52–53).

Zwei Monate nach der Bombenkatastrophe waren im unbeschulten Gebiet der zerstörten Stadtteile und des Stadtkerns 18.000 bis 25.000 Schülerinnen und Schüler ohne jeglichen Schulunterricht. Viele Eltern suchen sich so zu helfen, dass sie in die Randgebiete zogen oder ihre Kinder an private Vorbereitungsanstalten gaben. Diese wurden vom Regime daher besonders überwacht.[318]

In einer Lehrerversammlung am 15. November 1943 im Hörsaal A der von der Zerstörung verschont gebliebenen Universität, zu der jedes Kollegium zwei bis drei Vertreter zu entsenden hatte, erläuterte der neue Leiter der Schulverwaltung Ernst Schrewe die „Aufgaben der Schule" nach dem Juli 1943.[319] Angesichts der gravierenden Beeinträchtigungen eines geordneten Schulbetriebs gab es am 1. Dezember 1943 keine Halbjahrszeugnisse.[320] Der neue Justitiar der Schulverwaltung Hasso von Wedel vereinbarte mit dem Amt für kriegswichtigen Einsatz, dass als Minimum der schulischen Nutzung in fremdgenutzten Schulgebäuden das Schulleiterzimmer mit einem Vorzimmer und zwei Klassenräumen freizuhalten sei. Die Inanspruchnahme von Schulen für andere Zwecke habe zum Teil zu unhaltbaren Verhältnissen geführt.[321]

Eine „Pädagogische Woche", zu deren Teilnahme Schrewe „einlud" – jede Schule hatte zwei Teilnehmerinnen oder Teilnehmer zu entsenden –, sollte der Lehrerschaft die Möglichkeit geben, sich in politischer und pädagogischer Hinsicht neu auszurichten. Zur Eröffnung in der unzerstört gebliebenen Musikhalle am 12. April 1944 sprachen Reichsstatthalter Karl Kaufmann und Ernst Schrewe.[322] Die Begründung eines „Politisch-pädagogischen Arbeitskreises" unter Schrewes Vorsitz einen Monat danach stand

---

[318] StAHH, 361-2 VI Oberschulbehörde VI, 53, Ernst Schrewe vor dem Beirat der Schulverwaltung. Die vier privaten Vorbereitungsanstalten (Jessel, Brechtefeld, Ahrens, Kramer, später Weber) durften Schüler, die aus einer Mittel- oder Oberschule ausgeschieden waren, nicht aufnehmen. Ausnahmen bedurften der Genehmigung durch die Schulverwaltung (StAHH, 361-1 VI Oberschulbehörde VI, 1875). Diese Ausnahmegenehmigungen häuften sich gegen Kriegsende 1945 (StAHH, 361-1 VI Oberschulbehörde VI, 1877).

[319] StAHH, 362-2/36 Gymnasium Klosterschule, 285.

[320] StAHH, 362-2/14 Wichernschule, 5.

[321] StAHH, 361-2 VI OberschulbehördeVI, 644; StAHH, 362-10/1 Hilfsschule Carsten-Rehder-Straße, 11.

[322] StAHH, 362-2 VI Oberschulbehörde VI, 645; StAHH, 362-2/14 Wichernschule, 5; Altregistratur Johanneum (Hamburg), Schulleitertagebuch II.

in innerer Verbindung mit der Pädagogischen Woche.[323] Seiner Thematik fehlte unübersehbar keinesfalls die nationalsozialistische Tönung: Intensivierung der politischen Willensbildung und der politisch-fachlichen Schulung in Zusammenarbeit zwischen Gauschulungsamt und Schulverwaltung. Es bestehe unter den Teilnehmern – Vertreter der Schulverwaltung, der Lehrerbildungsanstalten und der Partei – Konsens darüber, „dass die fachliche Schulung ohne eine politische Begründung doch unzureichend bleibt". Immer schwerer wurde es für den für das Schulwesen Verantwortlichen, den erforderlichen Lehrernachwuchs zu rekrutieren.[324] Ganz im Sinne des untergehenden Regimes forderte Schrewe nach dem 20. Juli 1944 die Schulen auf, den „ruchlosen Anschlag auf den Führer" zu behandeln:

> „Im Gegensatz zu der Brandmarkung des kleinen Kreises von Verrätern ist der beispiellosen Leistung unserer Soldaten und ihrer verantwortungsbewussten Führung zu gedenken. Es ist den Schülern zum Bewusstsein zu bringen, wie dankbar das deutsche Volk der Vorsehung sein muss, dass ihm der Führer erhalten blieb."[325]

Dann heißt es wieder realitätsnäher: Die Schüler sollten auf das Zeitgeschehen hingewiesen werden, in welcher Weise, blieb der einzelnen Schule überlassen.[326] In seinem Aufruf zur letzten Kriegsweihnacht bemühte sich Schrewe, das Politische mit dem Fachlichen zu justieren: „Es wäre falsch, wenn man sagen wollte, dass [...] das Fachliche entscheidend sei gegenüber dem Politischen. Beste fachliche Leistungen *sind politisch* und alles Politische ist von fachlichen Voraussetzungen erfüllt und auf fachliche Qualitäten angewiesen."[327]

[323] StAHH, 362-2 VI Oberschulbehörde VI, 645 (zum Datum 15.5.1944).

[324] StAHH, 361-2 VI Oberschulbehörde VI, 1696 (zu den Daten 18. und 26.5.1944).

[325] StAHH, 362-2 VI Oberschulbehörde VI, 645 und 787.

[326] StAHH, 362-2/14 Wichernschule, 5 (zum Datum 12.9.1944).

[327] Weihnachtsaufruf der Schulverwaltung, zitiert nach Walter Gerber: Die Oberschule im Alstertal, Hamburg 1950, S. 172. Hervorhebung im Original gesperrt gedruckt.

5.5 Nachlese

Schrewe wurde am 15. Mai 1945 aus dem Dienst entlassen, jedoch am 5. April 1949 nach vollzogener Entnazifizierung in Kategorie V („unbelastet") eingestuft.[328] Er wurde, drei Jahre vor seinem Tode am 6. Juni 1957, sogar wieder als Wissenschaftlicher Rat in die Universität aufgenommen.[329]

Dennoch holte seine Funktion als oberster nationalsozialistischer Schulfunktionär Ernst Schrewe 1950 noch einmal ein: Am 6. Januar 1945 war im Frauenkonzentrationslager Ravensbrück Yvonne Mewes, Lehrerin an der Heilwigschule, gestorben. Sie hatte sich seit 1942 hartnäckig geweigert, als Lehrerin mit in die KLV zu fahren, weil sie es abgelehnt hatte, dort nationalsozialistische Propaganda in ihren Unterricht aufzunehmen, und den Schuldienst sogar gekündigt. Schrewe und sein juristischer Beistand Hasso von Wedel hatten vergeblich versucht, sie in der Situation des von den Machthabern ausgerufenen „totalen Krieges" zur Rückkehr in den Schuldienst zu bewegen, und ihren „Fall" schließlich an die Gestapo weitergeleitet, was zu ihrer Inhaftierung und am 23. Dezember 1944 zu ihrer Einlieferung ins KZ Ravensbrück geführt hatte. Dort war sie an Hungertyphus gestorben.
Die beiden mit Mewes' Fall befassten Beamten der Schulverwaltung, Ernst Schrewe und Hasso von Wedel, hatten sich gerichtlich zu verantworten, Schrewe wurde jedoch aus Mangel an Beweisen freigesprochen.[330] Er habe, so die Richter, das Schulwesen weitgehend von Einflüssen der NSDAP und der HJ freigehalten – eine zu dieser Zeit geradezu typische apologetische Behauptung, wenn es um die Verantwortung in führender Position ging – und keine Ausnahmen für „Bonzenkinder" zugestanden. Bescheinigt wurde ihm eine gute Menschenführung, die einfühlsam, duldsam und warm-

---

[328] StAHH, 131-15 Senatskanzlei – Personalakten, C 685. Die Universität hatte zunächst Bedenken gegen die Wiederaufnahme seiner Lehrtätigkeit. Zwar seien Schrewe „keinerlei Machenschaften im nationalsozialistischen Sinne vorzuwerfen", doch habe eine enge Bindung an den Reichsstatthalter Karl Kaufmann bestanden. Außerdem sei Schrewe der Verfasser von Artikeln, „die in einem Falle eine besonders krasse Verherrlichung Adolf Hitlers und des Dritten Reiches darstellen".

[329] Nachruf in: Die Welt vom 11.6.1957.

[330] StAHH, 361-6 Hochschulwesen – Dozenten- und Personalakten, IV 1467. Die Akte enthält das vollständige Urteil in der Strafsache gegen Ernst Schrewe und Hasso von Wedel aus dem Jahr 1950.

herzig gewesen sei. Nach Einschätzung durch Gerhard Hoch 35 Jahre später verkörperten Schrewe und von Wedel den Typ des „willfährigen, auf Ordnung und Funktionieren bedachten Durchführers", der in wesentlichen Punkten mit dem Nationalsozialismus übereinstimmte, sich in anderen aber sorgfältig auf Distanz hielt.[331] Wenn man jedoch Schrewe mit dem ihm vorangehenden Albert Henze vergleicht, trifft die Charakterisierung als „Durchführer" eher auf den rücksichtslosen Henze als auf den weniger radikalen und vorsichtigeren Schrewe zu. Hauptkriterium einer Bewertung sollte sein, ob und wie weit derjenige, über den wir im Rückblick eine Bewertung aussprechen, seine „humane Orientierung" bewahrt oder abgestoßen hat.[332] Unter den vier hier geschilderten nationalsozialistischen Schulfunktionären ist Ernst Schrewe derjenige gewesen, der sein Amt mehr als „Nothelfer" verstanden und wahrgenommen hat. Sein Amtsverständnis und die Art, wie er mit den ihm unterstellten Menschen umging, unterschieden sich von der harten Gangart Henzes, der vor allem auf seine Karriere bedacht war. In den Restbeständen dessen, was vom Hamburger Schulwesen noch übrig geblieben war, ließen sich nach der Juli-Katastrophe Menschen weder durch den Opportunismus eines Karl Witt noch mit den Überzeugungen eines Wilhelm Schulz zur Mitarbeit motivieren.

---

[331] Gerhard Hoch: Yvonne Mewes. „Warten, daß ich mich ins Unrecht setze …", in: Hamburg: Schule unterm Hakenkreuz (1985), S. 259–264, hier S. 263.

[332] Giordano (1987), S. 30–40, besonders S. 39. Giordano thematisiert (S. 79) auch die Unfähigkeit bundesdeutscher Juristen, vom Opfer her zu denken, bei einer gleichzeitigen tiefen inneren Bindung an den Nationalsozialismus. Auf S. 83 zitiert Giordano zur Definition der „zweiten Schuld" Jörg Friedrich: „Die Bundesrepublik war ein Gebilde unter dem Zwang, es allen recht zu machen. Sie war das Vaterland der Volksgenossen und der Volksfeinde, der Gestempelten und der Neutralen, der Verfolger und der Verfolgten. Diesen Riß im Material ist sie nicht losgeworden."

6 Wiederherstellung der Schulverwaltung nach der Kapitulation

Das Gebäude der Schulverwaltung in der Dammtorstraße hatte den Krieg unbeschädigt überstanden. Hier trafen nach der Kapitulation die von den Nationalsozialisten abgesetzten und jetzt wieder eingesetzten Schulräte Hans Brunckhorst, Gustav Schmidt und Kurt Zeidler mit Fritz Köhne zusammen, der zum Leiter des Volksschulwesens ernannt wurde. Er – keineswegs ein Sympathisant des Nationalsozialismus, Parteimitglied ohne innere Zustimmung ab 1937 – war seit 1933 in der Schulverwaltung verblieben und hatte so viele Lehrerinnen und Lehrer, aber auch Schülerinnen und Schüler, vor dem Zugriff von Staat und Partei schützen können.[333] Mit Zustimmung der britischen Militärregierung wieder in die Schulverwaltung berufen wurden die frühere Schulaufsichtsbeamtin der höheren Schulen Emmy Beckmann und der frühere Landesschulrat – jetzt wieder inkorporiert in die Schulverwaltung – Ludwig Doermer, ebenso für den Berufsschulbereich die 1933 entlassenen Schulaufsichtsbeamten Johannes Schult und Olga Essig. Zusätzlich wurden neue, durch den Nationalsozialismus nicht kompromittierte Männer und jetzt auch wieder Frauen zu Schulräten und Oberschulräten ernannt. Unter der Leitung des neu ernannten Schulsenators Heinrich Landahl, der jetzt wieder nur für diesen Bereich zuständig war, versuchte man, dort wieder anzuknüpfen, wo man 1933 den Nationalsozialisten hatte weichen müssen. „Eine unvergleichliche Leitungsgruppe" nennt Rudolf Scharnberg in einem Rückblick die Frauen und Männer aller Schulformen, die ab Mai 1945 über ihre Arbeit in der Schulverwaltung den Wiederaufbau des Schulwesens in die Hand nahmen, „eine Handvoll Päd-

---

[333] Kurt Zeidler: Der Wiederaufbau des Hamburger Schulwesens nach dem Zusammenbruch 1945, Ms. [Hamburg 1974] (Staats- und Universitätsbibliothek Hamburg Carl von Ossietzky, Signatur: B/22308), S. 4; Kurt Zeidler: Pädagogischer Reisebericht durch acht Jahrzehnte, Hamburg 1975, S. 98: „Wenn Fritz Köhne nicht durchgehalten hätte, wäre im Hamburger Schulwesen während der bösen Jahre manches schlechter gelaufen." Vgl. auch Hartwig Fiege: Geschichte der hamburgischen Volksschule, Bad Heilbrunn und Hamburg 1970, S. 121; Hartwig Fiege: Fritz Köhne. Ein großer Hamburger Schulmann 1879–1956, Hamburg 1986, S. 79; Caesar Hagener: Fritz Köhne – Mythos und Wirklichkeit, in: Hamburg: Schule unterm Hakenkreuz (1985), S. 244–249.

agogen und ein relativ kleiner Verwaltungsapparat in einer Struktur, deren Grundriss sich ein Vierteljahrhundert lang als solide und leistungsfähig erwiesen hat".[334] Scharnbergs Feststellung lässt sich abrunden, indem man hinzufügt, dass Wilhelm Drexelius[335] als sehr qualifizierter Jurist mit der am 11. Oktober 1945 erteilten Zustimmung der Militärregierung Hasso von Wedel ablöste und später selbst an der Spitze der Schulverwaltung (ab 1947 Schulbehörde) stehen sollte.

[334] Rudolf Scharnberg: Zum Wiederaufbau des Schulwesens ab Mai 1945. Die Wiederentdeckung der Grenze. Kurt Zeidler zum 85. Geburtstag, in: HLZ, Nr. 4/1974 vom 9.3.1974, S. 134.

[335] StAHH, 361-2 VI Oberschulbehörde VI, 14 Band 1.

7 Zusammenfassung und Ausblick

Es ist nicht Sinn und Ziel dieser Darstellung der Schulverwaltung in der nationalsozialistischen Diktatur, die Auswirkungen behördlichen Verwaltungshandelns auf die Betroffenen – die Schulen, die Lernenden und ihre Eltern sowie die Lehrenden – im Einzelnen nachzuweisen. Dieses wird in einer umfassenden Untersuchung *Hamburger Schulen im „Dritten Reich"* versucht werden, die sich in Vorbereitung befindet. Hier sei lediglich festgestellt, dass das Gelingen einer vollständigen Gleichschaltung und Nazifizierung der Schule ebenso wenig behauptet werden kann wie das Scheitern einer solchen Einflussnahme. Weder konnten sich die staatlichen Schulen dem Zugriff des Nationalsozialismus entziehen noch konnten sie in Opposition zu ihm ihre Arbeit fortsetzen. Das war schon darum nicht möglich, weil zumindest die erwachsenen Partner des Erziehungsdreiecks Teil der Zustimmungsdiktatur waren: Die diktatorischen Elemente des Systems wurden auf vielfältige Weise durch die Bereitschaft der Betroffenen zum Konsens wirkungsvoll ergänzt.[336] Diese Form der Machtausübung war nicht auf eine totalitär-repressive Durchdringung aller gesellschaftlichen Lebensbereiche angewiesen, es reichte aus, dass staatsfeindliche Äußerungen unterdrückt wurden. Die wachsende Zustimmung zum Nationalsozialismus entzog solchen Verhaltensweisen den gesellschaftlichen Resonanzboden.[337] Lange Zeit jubelte die Mehrheit der Deutschen Hitler zu, und viele hatten gegen den Antisemitismus des Regimes wenig einzuwenden.[338] Hiervon war die Schule nicht ausgenommen, doch trifft diese Feststellung mehr die Generation der Erwachsenen. Kinder und Jugendliche fanden nur bei solchen Eltern, Lehrerinnen und Lehrern, deren Ablehnung des Regimes sehr gefestigt war, ein Gegengewicht gegen die Einflussnahme der durch die Schulverwaltung sanktionierten nationalsozialistischen Erzie-

---

[336] Frank Bajohr: Die Zustimmungsdiktatur. Grundzüge nationalsozialistischer Herrschaft in Hamburg, in: Hamburg im „Dritten Reich", hg. von der Forschungsstelle für Zeitgeschichte in Hamburg, Göttingen 2005, S. 69–121.

[337] Ebd., S. 111–114.

[338] Bernward Dörner: Die Deutschen und der Holocaust. Was niemand wissen wollte, aber jeder wissen konnte, Berlin 2007, S. 606.

hungsvorstellungen und -praktiken. So war der Schaden, den die Schulverwaltung als Instrument der Diktatur bei den ihr anvertrauten Menschen der jungen Generation angerichtet hat, besonders groß: Jüdische Mädchen und Jungen wurden ausgegrenzt und zur Emigration gezwungen, mit ihren Eltern deportiert und ermordet. Viele Schüler der Oberschulen ließen als Soldaten oder als Luftwaffenhelfer „für Führer, Volk und Vaterland" ihr Leben, bevor sie ihren Bildungsgang abgeschlossen hatten, Bombennächte, Flucht und Vertreibung waren die Folgen des von den Machthabern angezettelten und von den Mächtigen der Schulverwaltung mitgetragenen Krieges. Trotz der veränderten Bedingungen war es aber – abhängig von der Einzelpersönlichkeit – möglich, in der Schule Pädagoge und Mensch zu bleiben, die Vorgaben der Schulverwaltung also listig und von außen nicht angreifbar bis zu einem bestimmten Grade gewissermaßen zu unterlaufen. Eine generelle Antwort auf die Frage, ob die vom Regime gesetzten Normen, Gesetze, Vorschriften, Erlasse, Regeln, Unterrichts- und Stundenpläne im Schul- und Unterrichtsalltag wirklich umgesetzt wurden, ist daher nicht möglich. Der Arm jedes der vier Potentaten der Schulverwaltung war nicht so lang, dass er in jede einzelne Schulstunde hineingereicht hätte.

Die vier nationalsozialistischen Bildungsfunktionäre, die von 1933 bis 1945 an der Spitze des Hamburger Schulwesens gestanden haben, unterschieden sich – abgesehen von ihrer individuellen Persönlichkeit – in mehrfacher Hinsicht: Sie waren unterschiedlich eng in den Parteiapparat eingebunden, sie haben das Schulwesen dementsprechend unterschiedlich intensiv der nationalsozialistischen Ideologie und Machtausübung unterworfen, und sie hatten unterschiedliche Karriereperspektiven innerhalb der nationalsozialistischen Polykratie. Alle vier waren selbstverständlich Mitglieder der NSDAP: Schulz seit dem 1. August 1932, Henze seit dem 1. Oktober 1932, Witt und Schrewe, beide frühere Deutschnationale, vom 1. Mai 1933 an.

Die Gleichgültigkeit einer Diktatur gegenüber formalen Kriterien zeigt sich am unterschiedlichen Status der vier Leiter der Schulverwaltung: Schulsenator – bald nur noch „Senator" mit verbliebener Ehrenbezeichnung – war lediglich Karl Witt. Er war vom politischen Format her zugleich der Schwächste. Aber gerade sein geringes politisches Gewicht forderte ihn zu kompensatorischen Handlungen im Sinne der Diktatur heraus. Ein Gegengewicht gegen den Nationalsozialismus, wie es seine Anwälte nach 1945 vortragen zu müssen meinten, im Sinne der Bewahrung der guten, alten Hamburger pädagogischen Gepflogenheiten stellte Karl Witt keineswegs dar. Im Gegenteil: Er fiel um, wenn er Gegendruck zu spüren bekam. Aus seiner berufspolitischen Biographie sind eigenständige, gegründete pädagogische Überzeugungen allenfalls im berufsbildenden Bereich ansatzweise erkennbar. Seine Hauptenergie während der 24 Jahre, die ihm nach dem Ende der Diktatur blieben, war hauptsächlich darauf gerichtet, den demokratischen Staat, dessen Vorgänger er bis 1933 mit zugrunde gerichtet hatte, mit Rechtsmitteln zur Zahlung einer üppigen Pension zu zwingen. Dabei scheute er sich nicht, mit Hilfe „alter Kameraden" aus der Täterposition in die Opferrolle zu wechseln.[339]

Eine Diskrepanz zwischen formalem Status innerhalb der zentralisierten, hierarchisch strukturierten Hamburger Verwaltung einerseits und der tatsächlichen Macht und dem mit ihr verbundenen politischen Einfluss andererseits zeigt sich besonders deutlich bei Wilhelm Schulz, der schon von 1933 an durch seine enge Verflochtenheit mit dem Parteiapparat der NSDAP und als Protegé des Gauleiters und Reichsstatthalters mehr zu sagen hatte als der Leiter der Schulverwaltung. Da er zugleich überzeugter Nationalsozialist und Anhänger der reformpädagogischen Tradition im Volks- und Berufsschulbereich war, ist seine Einschätzung ambivalent und mit der Bezeichnung „von dürftiger Qualität" nicht angemessen beschrieben.[340] Andererseits ist aber die 1953 von der Schulbehörde abgegebene Einlassung zur Herbeiführung eines gerichtlichen Vergleichs um die Versorgungsbezüge der Witwe geradezu abwegig: Als Landesschulrat sei Schulz kein übler, aber ein überzeugter Nationalsozialist gewesen, dessen pädagogischer Einfluss gering geblieben sei.[341] Nationalsozialismus in „nicht übler" Qualität bei einem hochgestellten politischen Leiter müsste wohl erst definiert werden: Ohne Rassismus? Ohne politischen Zwang? Ohne Indoktrinierung der Jugend? Ohne Führerprinzip? Ohne Inkaufnahme von Gewalt und Unrecht? Wilhelm Schulz trug die Ausgrenzung der Juden mit, wenn er sie nicht gar forcierte, und er war noch seiner Sinne mächtig, als sein Protektor Karl Kaufmann die Deportation der verbliebenen Hamburger Juden initiierte. Nur die Tatsache, dass ihm ein noch „üblerer" Nationalsozialist – Al-

---

339 Hierzu ausführlich Hans-Peter de Lorent in: HLZ, Nr. 8–9/2007 (August/September 2007), S. 40 („Alte Kameraden vereint und erfolgreich").

340 So Kurt Zeidler, zitiert von Hans-Peter de Lorent in: HLZ, Nr. 8–9/2007 (August/September 2007), S. 43. Siehe hierzu Uwe Schmidt (2006), S. 95–97.

341 Zitiert von Hans-Peter de Lorent in: HLZ, Nr. 8–9/2007 (August/September 2007), S. 47.

bert Henze – nachfolgte, und sein jähes Ende können das Gewicht oder die Belastung, die Wilhelm Schulz für die Hamburger Schulen darstellte, relativieren.

Wenn einem der vier Leiter der Schulverwaltung „mildernde Umstände“ zugute gehalten werden können, ohne seine Kompromittierung durch das Regime zu übersehen, dann nur Ernst Schrewe. Er hat sich ganz offensichtlich nach der Position, die ihm zugewiesen wurde, nicht gedrängt und hat – unter nationalsozialistischen Vorzeichen – das erreichbare Beste versucht. Aber auch er hat, eingebunden in die Zwänge seines Amtes, mit der Gestapo kooperiert. Aus den zusammenfassenden Einschätzungen wird noch einmal deutlich, welch verheerende Rolle Albert Henze als Exekutor des totalen Krieges im Hamburger Schulwesen gespielt hat. Durch seine Amtsführung wurde der eigentliche Kontinuitätsriss in Richtung Unmenschlichkeit herbeigeführt. Auf seine Person treffen alle Kriterien zu, die Bernward Dörner als „Bedingungen der Möglichkeit des Holocaust“ zusammengefasst hat:[342] ein unerhörter Mangel an Empathie für Menschen, auch gegenüber jungen Menschen außerhalb des Systems (Swing-Jugend), die kritiklose Übernahme der Staatsideologie mit ihrem rassistischen, antisemitischen Feindbild und vor allem sein systemloyales Verhalten, das nach 1945 dazu herhalten musste, den Befehl anderer an die Stelle der personalen Verantwortung zu setzen. Henze ist zugleich derjenige der vier in dieser Untersuchung behandelten Funktionsträger, der das Kriegsende die längste Zeit überlebt hat. Er hat die 49 Jahre nach 1945 – mehr als die Hälfte seines langen Lebens – nicht zur Besinnung genutzt, sondern hat eine neue „Normalität“ gesucht und gefunden und entspricht damit in seinem Verhalten vielen Deutschen, die den Nationalsozialismus überlebt haben. Das ist, um noch ein letztes Mal mit Bernward Dörner zu sprechen, „ein zutiefst beunruhigender Befund“.[343]

[342] Dörner (2007), S. 619.

[343] Ebd.

8 Quellen- und Literaturverzeichnis

8.1 Ungedruckte Quellen

Bundesarchiv Berlin

- BDC PK, E 148
- BDC RS, C 263
- NS 10/24
- NS 12/11
- NS 12/913
- NS 12/1024
- NS 12/1129
- NS 22/22
- NS 22/28
- NS 22/871
- NS 22/879
- NS 22/880
- NS 22/897
- NS 22/932
- NS 22/933
- R 4901/4430
- R 4901/13125

Archiv der Hansestadt Lübeck

- 4-10 Hauptamt
  - Nr. 349
  - Nr. 351
- 31-1 Personalamt
  - Nr. 242/75 (Paul Thomas Rihn)

Landesarchiv Schleswig-Holstein, Schleswig

- Abt. 811 Nr. 41849 (Personalakte Albert Henze)
- Abt. 811 Nr. 43195 (Schulakte Albert Henze)

Behörde für Bildung und Sport, Hamburg

- Personalakte Erwin Zindler

Altregistratur Johanneum, Hamburg

- Schulleitertagebuch II

Altregistratur Luisen-Gymnasium, Hamburg

- Tagebuch (Ein- und Ausgangsbuch)

Forschungsstelle für Zeitgeschichte in Hamburg (FZH)

- Archiv Werkstatt der Erinnerung, 207 (Flitner, Andreas, geb. 1922)

Staatsarchiv Hamburg (StAHH)

- 131-10 II Senatskanzlei – Personalabteilung II
  - 699 (Ermittlung des Bedarfs an Lehrern für Volks- und Mittelschulen [1935] 1936–1939)

- 131-15 Senatskanzlei – Personalakten
  - A 47
  - A 118
  - C 621
  - C 685

- 221-11 Staatskommissar für die Entnazifizierung und Kategorisierung
  - E d 1161 (Entnazifizierungsakte Richard Schlorf)
  - E d 11072 (Entnazifizierungsakte Wilhelm Gundlach)

- 351-10 I Sozialbehörde I
  - VT. 38.10 (Jugendschutz im Kriege)

- 361-2 V Oberschulbehörde V
  - 75 b Band 2

- 361-2 VI Oberschulbehörde VI
  - 10 (Organisation des staatl. Schulwesens 1937–1946)
  - 14 Band 1 (Besprechungen Militärregierung – Schulverwaltung 1945)
  - 53 (Beirat der Schulverwaltung, Sitzungen 1943–1945)
  - 54 (Beschwerden, Beleidigungen 1932–1967)

- 276 (Rundschreiben 1933–1952)
- 353 (Schulbesuch durch Juden 1937-1944)
- 416 (Gliederung des Schulwesens 1938)
- 421 (Abendoberschule/Abendgymnasium 1941–1964)
- 483 (Kritiken am schulischen Leistungsstand)
- 602 (Reichsgesetz gegen die Überfüllung 1933–1936)
- 633 (Mitteilungen usw. der Behörde 1933)
- 635 (Mitteilungen usw. der Behörde 1935)
- 636 (Mitteilungen usw. der Behörde 1936)
- 637 (Mitteilungen usw. der Behörde 1937)
- 641 (Mitteilungen usw. der Behörde 1940)
- 642 (Mitteilungen usw. der Behörde 1941)
- 643 (Mitteilungen usw. der Behörde 1942)
- 644 (Mitteilungen usw. der Behörde 1943)
- 645 (Mitteilungen usw. der Behörde 1944)
- 780 (Schulaufsicht und Schulbezirke 1939–1943)
- 787 (Politische Erziehung im nationalsozialistischen Sinne 1936–1944)
- 807 (Durchführung des Unterrichts 1942, Sep – 1944)
- 945 Band 1 (Erblehre und Rassenkunde Band 1, 1933–1934)
- 990 (Schulverwiesene oder strafversetzte Schüler [sog. Swing-Jugend], 1940–1942)
- 991 (Schulverwiesene oder strafversetzte Schüler aus disziplinarischen oder strafrechtlichen Gründen oder wegen „staatsabträglichen Verhaltens“, 1942–1945)
- 1525 (Einsatz von Schülern bei Schanzarbeiten, 1944)
- 1526 Band 1 (Politische Strafverfolgungen, Einzelfälle, 1941–1944)
- 1530 (Zusammenarbeit Schulen – HJ 1941–1944)
- 1541 (Jugendbetreuung im Krieg 1941–1944)
- 1547 (Geschichte der KLV 1940–1945)
- 1696 (Hochschule für Lehrerbildung und LBA 1937–1945)
- 1763 (Jahresberichte der Berufsschulen 1936–1944)
- 1766 Band 13 (Jahresberichte)
- 1869 (Privatschulen 1939–1944)
- 1875 (Verbot von Schüleraufnahmen durch priv. Vorbereitungsanstalten, 1943–1945)
- 1877 (Einzelfallentscheidungen 1945, Januar bis März)
- 2320 Band 4 (Wirtschaftsoberschule 1940–1944)

  - 3078 Band 2 (Schulleiterkonferenzprotokolle 1939–1944)
  - 3086 (Geplante Einführung der Hauptschule 1939–1943)
  - 4687 (Personalreferat der Schulverwaltung)
  - 4826 (Umbenennung von Schulen 1933–1959)

- 361-3 Schulwesen – Personalakten
  - A 517 (Personalakte Karl Umlauf)
  - A 1037 (Personalakte Wilhelm Gundlach)
  - A 1191 (Personalakte Peter Meyer)
  - A 1300 (Personalakte Robert Grosse)
  - A 1611 (Personalakte Paul Dittmer)
  - A 1670 (Personalakte Hermann Lau)
  - A 2149 (Personalakte Karl Witt)
  - A 2178 (Personalakte Heinrich Backeberg)
  - A 2207 (Personalakte Hugo Millahn)

- 361-6 Hochschulwesen – Dozenten- und Personalakten
  - I 376 Band 1 und Band 2 (Personalakte Wilhelm Schulz)
  - III 41
  - IV 1063
  - IV 1467 (Personalakte Ernst Schrewe)

- 361-7 Staatsverwaltung – Schul- und Hochschulabteilung
  - 4000-80 (Kriegsschäden an Gebäuden, Erfassung der Kriegswaisen und der geschädigten Bediensteten, 1943–1945)
  - 4001-13 (Geplante Schulreform nach ostmärkischem Muster 1939–1940)
  - 4002-30/0 (Rundschreiben des NSLB zur KLV 1940)
  - 4010-24 (Bestellung von Fachleitern für die Studienseminare 1941–1944)
  - 4011-00 (Bestellung von Schulleitern 1938–1942)
  - 4012-32 (Abhaltung von Reifeprüfungen [1938-1941])
  - 4020-11 (Neuordnung des mittleren Schulwesens 1938–1940)
  - 4020-30 (Neubauplanungen 1938–1942)
  - 4034-50 (Neuordnung der Gewerbelehrerausbildung)

- 361-10 Kinderlandverschickung
  - 82 (Kinderlandverschickung Hamburg [KLV]: Lehrkräfteeinsatz, Verfehlungen, strafweise Rückführung, Zeitungsausschnitte 1940–1945)

- 362-2/5 Emilie-Wüstenfeld-Schule
  - Personalakte Hans Lüthje
- 362-2/14: Wichernschule
  - 5
- 362-2/17 Oberrealschule St. Georg
  - 8 Band 6
- 362-2/36 Gymnasium Klosterschule
  - 177 (Konferenzbuch 1933–1945); 201; 202; 234; 255; 260; 262; 285; 312; 346; 718
- 362-3/20 Fritz-Schumacher-Schule

  4 (Schulleitung, Elternbeiräte, Schülervertretungen [1920, 1922] 1930–1950)
- 362-3/21 Schule Wohldorf-Ohlstedt
  - 4 Band 8 (Erlasse, Entscheidungen und Genehmigungen der LUB 1933–1938)
- 362-3/25 Volksschule für Jungen Lagerstraße
  - 512 Band 1 (Konferenzprotokolle 1878–1957)
- 362-3/33 Gemeindeschule Farmsen
  - 1 Band 4
  - 4 Band 1 (Tagebuch für Portokasse 1938–1955)
- 362-3/40 Schule Turmweg
  - 74 (Sitzungsberichte der Lehrerkonferenz 1927–1946)
  - 107 (Amtliche Schreiben und Schriftwechsel mit staatlichen Stellen 1933)
  - 108 (Amtliche Schreiben und Schriftwechsel mit staatlichen Stellen von 1934–1935)
  - 109 (Amtliche Schreiben und Schriftwechsel mit staatlichen Stellen von 1936–1938)
- 362-3/50 Schule Telemannstraße
  - 11 (Mitteilungen der Schulbehörde 1921–1935)
- 362-3/51 Mädchenschule Birkenhain
  - 59 Band 2 (Konferenzprotokolle 1929–1947)

- 362-3/102 Gemeindeschule Volksdorf
  - Ablieferung 2005/1
- 362-3/107 Schule Rellinger Straße
  - Konferenzprotokolle 1931–1948
- 362-9/4 Jahnschule
  - 63 (Chronik 1927–1938)
- 362-10/1 Hilfsschule Carsten-Rehder-Straße
  - 1 (Durchführung der Schulpflicht, Behandlung nichtdeutscher Schulkinder, 1936–1944)
  - 4 (Anordnungen der Schulverwaltung 1939–1945)
  - 6 (Aufrufe und Veranstaltungen des NSLB, 1940–1943)
  - 11 (Benutzung der Schule durch Fremde, 1941–1945 Okt.)
  - 13 (Gestaltung von Schulfesten, Gedenktagen und Feiern 1941–1945)
  - Ablieferung 2001/1, Schulchronik der Hilfsschule Hafenstraße 30
- 362-10/2 Sprachheilschule Zitzewitzstraße
  - 44 Band 1 (Zeitungsausschnitte 1918-1943)
- 362-10/7 Schwerhörigenschule
  - Lehrkräfte (ungeordnete Bestände)
- Zeitungsausschnittsammlung
  - 773 Carl Witt

8.2 Gedruckte Quellen und Literatur

1887–1987. 100 Jahre Katholische Schulen in Hamburg-Wandsbek, hg. von der Katholischen Kirchengemeinde St. Joseph-Wandsbek, Hamburg 1987.

Amm, Bettina: Die Ludendorff-Bewegung – Zwischen nationalistischem Kampfbund und völkischer Weltanschauungssekte, Diss. phil. Hamburg 2006.

Andersen, Ulf: Swing und Gestapo, in: Heinrich Himmler und die Liebe zum Swing. Erinnerungen und Dokumente, hg. von Franz Ritter, Leipzig 1994, S. 179–188.

Arendt, Hannah: Eichmann in Jerusalem. Ein Bericht von der Banalität des Bösen, München 1964.

Der Aufbau der Verwaltung der Hansestadt Hamburg, [Hamburg] 1938.

Bajohr, Frank: „... dann bitte keine Gefühlsduseleien“. Die Hamburger und die Deportationen, in: Die Deportationen der Hamburger Juden 1941–1945, hg. von der Forschungsstelle für Zeitgeschichte in Hamburg und dem Institut für die Geschichte der deutschen Juden, Hamburg 2002, S. 13–29.

Bajohr, Frank: Die Deportation der Juden: Initiativen und Reaktionen aus Hamburg, in: Die Verfolgung und Ermordung der Hamburger Juden 1933–1945. Geschichte. Zeugnis. Erinnerung, hg. von Beate Meyer, Hamburg 2006, S. 33–41.

Bajohr, Frank: Hamburgs „Führer“. Zur Person und Tätigkeit des Hamburger NSDAP-Gauleiters Karl Kaufmann (1900–1969), in: Hamburg im Dritten Reich. Sieben Beiträge, hg. von der Landeszentrale für politische Bildung, Hamburg 1998, S. 119–148.

Bajohr, Frank: Von der Ausgrenzung zum Massenmord. Die Verfolgung der Hamburger Juden 1933–1945, in: Hamburg im „Dritten Reich“, hg. von der Forschungsstelle für Zeitgeschichte in Hamburg, Göttingen 2005, S. 471–518.

Bajohr, Frank: Die Zustimmungsdiktatur. Grundzüge nationalsozialistischer Herrschaft in Hamburg, in: Hamburg im „Dritten Reich“, hg. von der Forschungsstelle für Zeitgeschichte in Hamburg, Göttingen 2005, S. 69–121.

Bassler, Sibylle: Die Weiße Rose. Zeitzeugen erinnern sich, Reinbek bei Hamburg 2006.

Behrens, Reinhard: Die Deutschnationalen in Hamburg 1918–1933, Diss. phil. Hamburg 1973.

Berufliche Schulen in Hamburg. 150 Jahre staatlich, Hamburg 1990.

Büttner, Annett / Groschek, Iris: Jüdische Schüler und „völkische“ Lehrer in Hamburg nach 1918, in: Zeitschrift des Vereins für Hamburgische Geschichte, Band 85 (1999), S. 101–126.

Candidates of humanity. Dokumentation zur Hamburger Weißen Rose anläßlich des 50. Geburtstages von Hans Leipelt, bearb. von Ursel Hochmuth, Hamburg 1971.

Dick, Lutz van: Oppositionelles Lehrerverhalten 1933–1945. Biographische Berichte über den aufrechten Gang von Lehrerinnen und Lehrern, Weinheim und München 1988.

„Die Fahne hoch". Schulpolitik und Schulalltag in Hamburg unterm Hakenkreuz, hg. von Reiner Lehberger und Hans-Peter de Lorent, mit einem Geleitwort von Klaus von Dohnanyi, Hamburg 1986.

Dörner, Bernward: Die Deutschen und der Holocaust. Was niemand wissen wollte, aber jeder wissen konnte, Berlin 2007.

Einhundert Jahre Gymnasium Eppendorf, Hamburg 2004.

Erziehung und Unterricht. Bestimmungen über Aufgaben, Aufbau und Geschäftsverkehr der Gauhauptstelle mit einem Stellenplan, hg. vom Amt für Erzieher (NS-Lehrerbund) Gau Hamburg, [Hamburg 1937].

Fiege, Hartwig: Fritz Köhne. Ein großer Hamburger Schulmann 1879–1956, Hamburg 1986.

Fiege, Hartwig: Geschichte der hamburgischen Volksschule, Bad Heilbrunn und Hamburg 1970.

Frank, Hans: Technik des Staates, Berlin 1942.

Garbe, Detlef: Institutionen des Terrors und der Widerstand der Wenigen, in: Hamburg im „Dritten Reich", hg. von der Forschungsstelle für Zeitgeschichte in Hamburg, Göttingen 2005, S. 519–572.

Gerber, Walter: Die Oberschule im Alstertal, Hamburg 1950.

Getanzte Freiheit. Swingkultur zwischen NS-Diktatur und Gegenwart, hg. von Alenka Barber-Kersovan und Gordon Uhlmann, Hamburg und München 2002.

Giordano, Ralph: Die zweite Schuld oder von der Last, ein Deutscher zu sein, Hamburg 1987.

Hagener, Caesar: Fritz Köhne – Mythos und Wirklichkeit, in: Hamburg: Schule unterm Hakenkreuz, S. 244–249.

Hamburg: Schule unterm Hakenkreuz. Beiträge der „Hamburger Lehrerzeitung“ (Organ der GEW) und der Landesgeschichtskommission des VVN / Bund der Antifaschisten, hg. von Ursel Hochmuth und Hans-Peter de Lorent, mit einem Geleitwort von Joist Grolle, Hamburg 1985.

Hamburg im Dritten Reich, Heft 1: Die Neugestaltung der Schule, hg. von Wilhelm Schulz, [Hamburg 1935].

Hamburgisches Lehrer-Verzeichnis, Schuljahr 1932/1933, hg. von der Gesellschaft der Freunde des vaterländischen Schul- und Erziehungswesens, Hamburg 1932.

Handbuch der Hansestadt Hamburg 1939.

Hering, Rainer: Vom Seminar zur Universität. Die Religionslehrerausbildung in Hamburg zwischen Kaiserreich und Bundesrepublik, Hamburg 1997.

Hilger, Marie-Elisabeth: Das Sozialökonomische Seminar, in: Hochschulalltag im „Dritten Reich“. Die Hamburger Universität 1933–1945, hg. von Eckart Krause, Ludwig Huber und Holger Fischer, Berlin und Hamburg 1991, Teil II, S. 953–979.

Hoch, Gerhard: Yvonne Mewes. „Warten, daß ich mich ins Unrecht setze …“, in: Hamburg: Schule unterm Hakenkreuz, S. 259–264.

Hochmuth, Ursel / Jacob, Ilse: Weiße Rose Hamburg, in: Streiflichter aus dem Hamburger Widerstand 1933–1945, hg. von Ursel Hochmuth und Gertrud Meyer, 2. Aufl., Frankfurt a. M. 1980, S. 387–421.

100 Jahre Oberschule zum Dom 1905–2005, Lübeck 2005.

Korotin, Ilse: Die Konstruktion einer nationalen Ethik am Beispiel von Mathilde von Kemnitz-Ludendorff, in: Philosophie, Psychologie, Emigration. Festschrift für Kurt R. Fischer, hg. von Peter Muhr u. a., Wien 1992, S. 148–179.

Korotin, Ilse: Die politische Radikalisierung der Geschlechterdifferenz im Kontext von „Konservativer Revolution“ und Nationalsozialismus. Mathilde Ludendorff und der „Völkische Feminismus“, in: Sehnsucht nach Schicksal und Tiefe. Der Geist der Konservativen Revolution, hg. von Volker Eickhoff und Ilse Korotin, Wien 1997, S. 105–127.

Kressel, Carsten: Evakuierungen und Erweiterte Kinderlandverschickung im Vergleich. Das Beispiel der Städte Liverpool und Hamburg, Frankfurt a. M. u. a. 1996.

Lehrer und Schule unterm Hakenkreuz. Dokumente des Widerstands von 1930 bis 1945, hg. von Hermann Schnorbach, Königstein i. Ts. 1983.

Lohalm, Uwe: An der inneren Front. Fürsorge für die Soldatenfamilie und „rassenhygienische" Krankenpolitik, in: Hamburg im „Dritten Reich", hg. von der Forschungsstelle für Zeitgeschichte in Hamburg, Göttingen 2005, S. 445–467.

Lohalm, Uwe: „... anständig und aufopferungsbereit". Öffentlicher Dienst und Nationalsozialismus in Hamburg 1933 bis 1945, Hamburg 2001.

Lohalm, Uwe: Garant nationalsozialistischer Herrschaft. Der öffentliche Dienst, in: Hamburg im „Dritten Reich", hg. von der Forschungsstelle für Zeitgeschichte in Hamburg, Göttingen 2005, S. 154–187.

Lohalm, Uwe: „Modell Hamburg". Vom Stadtstaat zum Reichsgau, in: Hamburg im „Dritten Reich", hg. von der Forschungsstelle für Zeitgeschichte in Hamburg, Göttingen 2005, S. 122–153.

Lorent, Hans-Peter de: Karl Witt, Schulsenator 1933. Schule unterm Hakenkreuz – Nazibiographien (2), in: HLZ, Nr. 8–9/2007 (August/September 2007), S. 36–40.

Lorent, Hans-Peter de: Personalpolitik, in: „Die Fahne hoch", S. 203–212.

Lorent, Hans-Peter de: Schulalltag unterm Hakenkreuz. Aus Konferenzprotokollen, Festschriften und Chroniken Hamburger Schulen von 1933–1939, in: „Die Fahne hoch", S. 91–117.

Lorent, Hans-Peter de: „Von dürftiger Qualität". Schule unterm Hakenkreuz – Nazibiographien (1), in: HLZ, Nr. 6–7/2007 (Juni/Juli 2007), S. 43–47.

Meyer, Beate: „Jüdische Mischlinge". Rassenpolitik und Verfolgungserfahrung 1933–1945, Hamburg 1999.

Meyer, Ursula I.: Mathilde Ludendorff. Das nationalistische Menschenbild, in: dies.: Die Welt der Philosophin, 4. Teilband: Moderne Zeiten: Das 20. Jahrhundert, Aachen 1998, S. 87–104.

Milberg, Hildegard: Schulpolitik in der pluralistischen Gesellschaft. Die politischen und sozialen Aspekte der Schulreform in Hamburg 1890–1935, Hamburg 1970.

Mitscherlich, Alexander / Mitscherlich, Margarete: Eine deutsche Art zu lieben, München 1970.

Müller, Hans-Harald / Schöberl, Joachim: Karl Ludwig Schneider und die Hamburger „Weiße Rose". Ein Beitrag zum Widerstand von Studenten im „Dritten Reich", in: Hochschulalltag im „Dritten Reich". Die Hamburger Universität 1933–1945, hg. von Eckart Krause, Ludwig Huber und Holger Fischer, Berlin und Hamburg 1991, Teil I, S. 423–437.

Müller, Thorsten: Ich war ein Widerstand, in: Widerstand und Verweigerung in Deutschland, hg. v. Richard Löwenthal und Patrik von zur Mühlen, Neuauflage, Bonn 1997, S. 202–210.

Nicolaysen, Rainer: Siegfried Landshut. Die Wiederentdeckung der Politik. Eine Biographie, Frankfurt a. M. 1997.

Nyssen, Elke: Schule im Nationalsozialismus, Heidelberg 1979.

Oberschulbehörde Hamburg. Jahresbericht 1925, Hamburg 1926.

Pohl, Rainer: „Das gesunde Volksempfinden ist gegen Dad und Jo". Zur Verfolgung der Hamburger „Swing-Jugend" im Zweiten Weltkrieg, in: Verachtet – verfolgt – vernichtet – zu den „vergessenen" Opfern des NS-Regimes, hg. von der Projektgruppe für die vergessenen Opfer des NS-Regimes in Hamburg e. V., 2. Aufl., Hamburg 1988, S. 14–45.

Saul, Klaus: „Ein Volk, eine Schule, ein einheitlicher Lehrerstand": Die Durchsetzung der Universitätsausbildung für Volksschullehrer in Hamburg 1903–1926, in: Der Traum von der freien Schule, hg. von Hans-Peter de Lorent und Volker Ullrich, Hamburg 1988, S. 135–166.

Saul, Klaus: Lehrerbildung in Demokratie und Diktatur. Zum Hamburger Reformmodell einer universitären Volksschullehrerausbildung, in: Hochschulalltag im „Dritten Reich". Die Hamburger Universität 1933–1945, hg. von Eckart Krause, Ludwig Huber und Holger Fischer, Berlin und Hamburg 1991, Teil I, S. 367–408.

Scharnberg, Rudolf: Zum Wiederaufbau des Schulwesens ab Mai 1945. Die Wiederentdeckung der Grenze. Kurt Zeidler zum 85. Geburtstag, in: HLZ, Nr. 4/1974 vom 9.3.1974, S. 134.

Scheuerl, Hans: Zur Geschichte des Seminars für Erziehungswissenschaft, in: Hochschulalltag im „Dritten Reich“. Die Hamburger Universität 1933–1945, hg. von Eckart Krause, Ludwig Huber und Holger Fischer, Berlin und Hamburg 1991, Teil II, S. 519–535.

Schmidt, Gustav: Kriegstagebuch 1939–1945, Hamburg 2004.

Schmidt, Uwe: Abschied von Elisabeth von der Lieth (1918–2002), in: Blickpunkt Bildung, Nr. 1, Februar 2003, S. 30–31.

Schmidt, Uwe: Aktiv für das Gymnasium. Hamburgs Gymnasien und die Berufsvertretung ihrer Lehrerinnen und Lehrer von 1870 bis heute, Hamburg 1999.

Schmidt, Uwe: Lehrer im Gleichschritt: Der Nationalsozialistische Lehrerbund Hamburg, Hamburg 2006.

Schmidt, Uwe / Weidmann, Paul: Modernisierung als Mittel zur Indoktrination. Das Schulwesen, in: Hamburg im „Dritten Reich“, hg. von der Forschungsstelle für Zeitgeschichte in Hamburg, Göttingen 2005, S. 305–335.

Schneider, Barbara: Die Höhere Schule im Nationalsozialismus. Zur Ideologisierung von Bildung und Erziehung, Köln, Weimar und Wien 2000.

Siewert, Regina: Demokratie braucht Bildung – Der Grundimpuls der Hamburger Volkshochschule 1919, in: Demokratie braucht Bildung, Bildung braucht Demokratie. 75 Jahre Uni, HÖB, VHS, Volksbühne Hamburg, hg. von Helga Kutz-Bauer, Hamburg 1994, S. 73–105.

Symposion. Festschrift zum 475-jährigen Jubiläum der Gelehrtenschule des Johanneums, hg. von Christine von Müller, Uwe Petersen und Uwe Reimer, Hamburg 2004.

Ueberall, Jörg: Swing Kids, Berlin 2004.

Walddörfer-Gymnasium 1930–2005, Hamburg 2005.

Wilhelm-Gymnasium Hamburg 1881–1981. Eine Dokumentation über 100 Jahre Wilhelm-Gymnasium, hg. von Peter-Rudolf Schulz, Hamburg 1981.

Zeidler, Kurt: Pädagogischer Reisebericht durch acht Jahrzehnte, Hamburg 1975.

Zeidler, Kurt: Der Wiederaufbau des Hamburger Schulwesens nach dem Zusammenbruch 1945, Ms. [Hamburg 1974] (Staats- und Universitätsbibliothek Hamburg Carl von Ossietzky, Signatur: B/22308).

8.3 Periodica

- Deutsches Philologen-Blatt
- Gaunachrichten
- Gesetzsammlung der freien und Hansestadt Hamburg
- Hamburger Anzeiger
- Hamburger Fremdenblatt
- Hamburger Gesetz- und Verordnungsblatt
- Hamburger Lehrerzeitung (HLZ)
- Hamburger Nachrichten
- Hamburger Schulblatt
- Hamburger Tageblatt
- Hamburger Verordnungsblatt
- Hamburgischer Correspondent
- Lübecker Freie Presse
- Lübecker Nachrichten
- Niederdeutsche Warte
- Nordelbische Kirchenzeitung
- OzD Oberschule zum Dom
- Reichsgesetzblatt
- Stenographische Berichte über die Sitzungen der Bürgerschaft
- Vergangenheit und Gegenwart. Zeitschrift für Geschichtsunterricht und politische Erziehung
- Völkischer Beobachter
- Die Welt

9 Anhang

Abkürzungen

BDM	Bund Deutscher Mädel
DAF	Deutsche Arbeitsfront
DJ	Deutsches Jungvolk
DNVP	Deutschnationale Volkspartei
DStP	Deutsche Staatspartei
DVP	Deutsche Volkspartei
FZH	Forschungsstelle für Zeitgeschichte in Hamburg
GdF	Gesellschaft der Freunde des vaterländischen Schul- und Erziehungswesens
HJ	Hitler-Jugend
HLZ	Hamburger Lehrerzeitung
KLV	Kinderlandverschickung
LUB	Landesunterrichtsbehörde
NSLB	Nationalsozialistischer Lehrerbund
NSV	NS-Volkswohlfahrt
OzD	Oberschule zum Dom (Lübeck)
REM	Reichserziehungsministerium
RGBl	Reichsgesetzblatt
StAHH	Staatsarchiv Hamburg

Bildnachweis

Abbildungen auf Schutzumschlag und Buchdecke:

Albert Henze: Bundesarchiv Berlin, BDC PK, E 148.
Ernst Schrewe: Archiv der Forschungsstelle für Zeitgeschichte in Hamburg.
Wilhelm Schulz: Hamburger Lehrerzeitung (HLZ).
Karl Witt: Hamburger Lehrerzeitung (HLZ).

Personenregister

C

D

I

K

L

M

Meyer, Henry: Gauamtsleiter im Gauorganisationsamt der NSDAP, zuständig für Tagungen, Veranstaltungen und Sonderaufgaben; ab 1942 Gaubeauftragter der NSDAP für die Kinderlandverschickung. 53

Meyer, Peter (1888–1967): Studienrat, Schulleiter der Oberschule für Jungen Altona, 1943 wegen „politischer Unzuverlässigkeit" abgesetzt, 1945 wieder eingesetzt. 79, 80

Meyer, Wolfgang (1867–1957): Oberlehrer, Schulleiter und 1914–1933 Oberschulrat; 1933 für einige Monate interimistischer Landesschulrat. 38

Millahn, Hugo (1894–1972): Lehrer, Konrektor und 1937–1945 Schulrat. 18, 19, 53

Mitscherlich, Alexander (1908–1982) und Mitscherlich-Nielsen, Margarete (geb. 1917): beide als Ärzte, Psychoanalytiker und Schriftsteller tätig; schrieben zusammen das Buch „Die Unfähigkeit zu trauern. Grundlagen kollektiven Verhaltens" (1967), das die Abwehrhaltung des Einzelnen und der Masse gegenüber Schuld und Mitschuld an politischen Verbrechen untersucht. 92

O

Oberdörffer, Wilhelm (1886–1965): Oberlehrer, Oberschulrat; 1940 auf eigenes Betreiben Ausscheiden aus dem öffentlichen Dienst; im Mai 1945 kurzfristig Leiter der Schulverwaltung. 16, 23, 32-35

Ofterdinger, Friedrich (1896–1946): Arzt, Senator der Hochschulbehörde, danach der Gesundheitsbehörde, zuständig für die nationalsozialistische Erbgesundheitspolitik in Hamburg, 1943 zeitweilig zuständig für die Schulverwaltung. ...50, 59, 78, 99, 100

Okrass, Hermann: Hauptschriftleiter der nationalsozialistischen Tageszeitung „Hamburger Tageblatt", 1939 kommissarischer Leiter des Gaupresseamtes. 84

Ovens, Ove (1887–1919): Hamburger Lehrer, der als Bahrenfelder Zeitfreiwilliger am 25.6.1919 bei Straßenkämpfen in Hamburg ums Leben kam; von den Nationalsozialisten als Märtyrer im Kampf gegen den Kommunismus verehrt. 43

P

Pein, Bernhard (1891–1970): 1934–1937 Leiter der Nationalpolitischen Erziehungsanstalt Potsdam, 1938–1942 Leiter der Hamburger Hochschule für Lehrerbildung, 1942–1945 Leiter der Wichernschule. 49

Peter, Rudolf (1884–1949): 1928 Extraordinarius für praktische Pädagogik an der Universität Hamburg, 1934–1937 Leiter der berufspraktischen Ausbil-

T

U

V

W

Z

Über den Autor

UWE SCHMIDT studierte von 1951 bis 1956 Geschichte, Latein, Philosophie und Erziehungswissenschaft an den Universitäten Hamburg und Tübingen. Von 1958 bis 1969 war er Lehrer am Gymnasium Alstertal in Hamburg, von 1969 bis 1994 Leiter des Gymnasiums Farmsen. 1973 war Uwe Schmidt Gründungsvorsitzender des Deutschen Lehrerverbandes Hamburg, dessen Leitung er bis 1991 innehatte. Seine Promotion erfolgte 1995. Uwe Schmidt ist seitdem als freier wissenschaftlicher Mitarbeiter des Staatsarchivs Hamburg und der Forschungsstelle für Zeitgeschichte in Hamburg tätig (Forschungsgebiete: Hamburger Schulgeschichte und Organisationen des öffentlichen Dienstes). Seit demselben Jahr betätigt er sich darüber hinaus als ehrenamtlicher Lernbegleiter (Lehrer) für Philosophie an einer Schule, als Rezensent und als Verfasser von bildungsgeschichtlichen Untersuchungen und Biographien für die *Hamburgische Biografie*. Seit 1964 engagiert sich Uwe Schmidt im deutsch-jüdischen Gespräch und wurde hierfür vom Senat der Freien und Hansestadt Hamburg am 10. Dezember 2001 mit der „Medaille für treue Arbeit im Dienste des Volkes“ ausgezeichnet.

Über den Reihenherausgeber

RAINER HERING, geboren 1961 in Hamburg, leitet das Landesarchiv Schleswig-Holstein und lehrt als Professor Neuere Geschichte am Historischen Seminar der Universität Hamburg. Der international profilierte Archivar und Historiker ist Vorsitzender des Archive Committee der German Studies Association in Nordamerika. Er ist in zahlreichen regionalen und überregionalen Gremien aktiv tätig, unter anderem im Vorstand des Vereins für Hamburgische Geschichte und im Beirat zur Erforschung der Geschichte des Nordwestdeutschen Rundfunks, und gibt verschiedene Publikationen mit heraus, so die Reihe *Arbeiten zur Kirchengeschichte Hamburgs* und die Fachzeitschrift *Auskunft. Zeitschrift für Bibliothek, Archiv und Information in Norddeutschland*. Promoviert wurde er mit einer Arbeit zur Hamburger Universitätsgeschichte, er habilitierte sich mit einem Standardwerk zum Alldeutschen Verband. Seine umfangreiche Publikationstätigkeit umfasst schwerpunktmäßig die Bereiche Kirchengeschichte, Wissenschafts- und Universitätsgeschichte, Antisemitismusforschung, Parteien- und Verbandsgeschichte, Rechtsgeschichte, norddeutsche Geschichte und Archivwissenschaft.